社会救助

公益传播模式研究

——基于公益广告传播模式的一种参照

李京丽◎著

U0845376

四川大学出版社
SICHUAN UNIVERSITY PRESS

项目策划：张　晶　于　俊
责任编辑：张　晶
责任校对：于　俊
封面设计：墨创文化
责任印制：王　炜

图书在版编目（CIP）数据

社会救助公益传播模式研究 ：基于公益广告传播模式的一种参照 / 李京丽著. — 成都 ：四川大学出版社，2021.4
ISBN 978-7-5690-3272-7

Ⅰ. ①社… Ⅱ. ①李… Ⅲ. ①公益广告－研究－中国 Ⅳ. ①F713.842

中国版本图书馆 CIP 数据核字（2020）第 001585 号

书名　社会救助公益传播模式研究——基于公益广告传播模式的一种参照

著　　者	李京丽
出　　版	四川大学出版社
地　　址	成都市一环路南一段 24 号（610065）
发　　行	四川大学出版社
书　　号	ISBN 978-7-5690-3272-7
印前制作	四川胜翔数码印务设计有限公司
印　　刷	郫县犀浦印刷厂
成品尺寸	170 mm×240 mm
插　　页	1
印　　张	8.5
字　　数	160 千字
版　　次	2021 年 4 月第 1 版
印　　次	2021 年 4 月第 1 次印刷
定　　价	48.00 元

◆ 读者邮购本书，请与本社发行科联系。
电话：(028)85408408/(028)85401670/
(028)86408023　邮政编码：610065
◆ 本社图书如有印装质量问题，请寄回出版社调换。
◆ 网址：http://press.scu.edu.cn

四川大学出版社
微信公众号

目　录

第一章 社会救助与公益传播

社会救助是公益传播常涉及的话题领域。相较于商业公益广告、社会伦理公益广告等话题，社会救助的公益传播是一个发展相对滞后的领域。造成这种滞后的原因至少有两个，一是中国的现代社会救助本身是一个在20世纪90年代以后才逐渐形成和不断完善的体系，因此对社会的公益传播自然就比较晚；二是20世纪70年代末至21世纪初期，30多年来公益广告的传播一直都以政府和媒介机构为传播主体，较少关注社会救助领域的内容。直到各类公益基金会广告的出现，以及希望工程的“大眼睛”照片的传播，引发了全社会对社会救助的高度关注，社会救助的公益广告才开始真正进入大众视野并产生影响。如果说2003年的“非典”还是社会公益力量萌芽的前兆，那么2008年汶川大地震则激发了全社会公益心的觉醒和公益力量的空前爆发。各类灾难救助的公益广告，不断冲击着每一个人的心灵，形成了一股空前强大的民族命运共同体情感，激发着社会各界人士在汶川大地震灾难救助中贡献自己的力量。正是汶川大地震的社会救助，使政界和学界充分意识到社会公益的价值和力量，因此关于各类社会机构、公益传播、社会救助的研究热情也空前高涨起来。

第一节　中国现代社会救助体系的形成与传播

社会救济是一项古老而悠久的慈善理念与行为。《礼记·礼运·大同篇》：“使老有所终，壮有所用，幼有所长，鳏寡孤独废疾者，皆有所养。”这句话从社会伦理角度表达了朴素的社会救济思想。从汉唐时期的寺院慈善，到宋元时期朝廷主导的慈善事业，再到明清时期民间慈善事业的大规模兴起，社会救济的理念和行为既为当时的皇权统治和社会稳定起到了平衡器的作用，同时也形成了中国社会救济的悠久传统。到了清代晚期，西方慈善理念的传播以及各类善书的刊印，各大媒体对慈善思想的宣传，更是丰富了中国的社会救济思想，也为中国形成和建设现代社会救助体系奠定了基础。

1. 社会救助基本概念及其历史沿革

西方的社会救助制度起源于19世纪的济贫制度，而其现代社会救助制度产生于20世纪30年代。当时欧美各国爆发了严重的经济危机，导致了大量贫困现象的产生。在传统的济贫手段和社会保险都不足以解决问题时，各国政府不得不尝试建立社会救助制度，以弥补社会保险制度的不足。①

中国的现代社会救助制度早在20世纪30年代即开始受到西方的影响，但直到20世纪90年代，中国的社会救助制度才开始进入真正意义上的现代发展阶段。

对社会救助基本概念的理解，不同国家和不同制度下的认知存在差别：在现代发达国家中，更多强调社会救助是政府的基本职能和公共服务，而对于发展中国家而言，社会救助的实施主体中除了政府这一核心主体外，往往还加入了社会组织及其他各界的力量。

对于社会救助的基本概念，20世纪90年代和21世纪初期，中国学者从救助对象和内容方面对社会救助进行了描述性界定。较早的研究者陈良瑾是这样定义社会救助的：国家和社会对无法定义务抚养人，无劳动能力、无生活来源的老年人、残疾人、未成年人，或者因天灾人祸造成生活困难、不能完全保障基本生活的城镇无业居民和农村村民给予的接济和帮助。② 另一学者闵宗银同样认为社会救助的对象主要是“三无”人员和灾民③，这些定义基本涵盖了我国民政部门之救灾救济的工作范围。总体来说，对社会救助的概念认知的界定主要从以下几个角度来进行：

（1）从政策及社会保障制度角度进行界定

郑功成在《社会保障学》中认为，社会救助是指国家与社会面向由贫困人口与不幸者组成的社会脆弱群体提供款物接济和扶助的一种生活保障政策，它通常被理所当然地视为政府的责任或义务，采取的也是非供款制与无偿救助的方式，目标是帮助社会脆弱群体摆脱生存危机，以维护社会秩序的稳定，其外延一般包括灾害救济、贫困救济和其他针对困难群体的扶助措施。④

---

① 任振兴. 社会救助的概念及原则［J］. 社会福利，2003（3）：17.

② 陈良瑾. 中国社会工作百科全书［M］. 北京：中国社会出版社，1994：435.

③ 闵宗银. 试论完善我国的社会救助制度［J］. 宁夏社会科学，2000（6）：23.

④ 郑功成. 社会保障学［M］. 北京：中国劳动社会保障出版社，2005：261－263.

时正新、廖鸿认为：社会救助是在公民因各种原因导致难以维持最低生活水平时，由国家和社会按照法定的程序给予款物接济和服务，以使其生活得到基本保障的制度。他们所认为的社会救助以贫困人口为对象，较为契合社会救助界定之国际惯例："社会救助是政府主导的公共援助行为。"①

莫纪宏认为，社会救助是指国家和社会依照政策和法律的规定，向那些因各种（自然的、社会的、个人的）原因导致基本物质生活陷入困境、自己无力维持最低生活水平的人，提供各种形式援助的一种社会保障制度。②

（2）从个人权利角度进行描述

史探径认为，社会救济的含义是指人们在不能维持最低限度的生活水平时，根据国家有关法律规定，有权要求国家和社会按照法定标准向其提供满足最低生活需求的资金或实物救助的一种社会保障制度。③

任振兴认为："社会救助是在公民因各种原因导致难以维持最低生活水平时，由国家和社会按照法定的程序给予款物接济和服务，以使其生活得到基本保障的制度。它是社会保障制度的重要组成部分。"④

上述社会救助的各类定义有以下类似之处，一是几乎所有定义都强调政府进行社会救助的主导地位和责任，二是大多对救助对象进行了界定和描述，三是认为社会救助是一种重要的社会保障制度。各自的差别在于：一是对救助对象的界定范围和描述有所不同，有些从经济层面笼统地界定为社会贫困人口，有些则具体描述为老弱病残、儿童等群体，有些则描述为城乡"三无"人员和低收入群体；二是对救助主体的认定有差异，较早的定义都将社会救助职能归入政府的基本职能和责任，而近来的定义则在政府的基础上，加入了"社会"这一主体。根据黄晨熹在《社会救助的概念、类型和体制：不同视角的比较》中的分析与比较，在社会救助的定义中，发达国家和发展中国家存在差异，发达国家中，社会救助通常被视为纯粹的政府行为，是国家职能或政府责任，而我国与其他发展中国家类似，强调救助是国家和社会的共同责任。⑤ 这种差异体现的是因经济发展差异而带来的社会保障制度的差异，发展中国家鼓励民间力量参与是为了弥补国家财政力量之不足。

---

① 时正新，廖鸿．中国社会救助体系研究［M］．北京：中国社会科学出版社，2002：2.

② 刘光华．社会救助：理论界定与中国的实践展开（上）［J］．兰州大学学报（社会科学版），2008（4）：106.

③ 同上。

④ 任振兴．社会救助的概念及原则［J］．社会福利，2003（3）：18.

⑤ 黄晨熹．社会救助的概念、类型和体制：不同视角的比较［J］．华东师范大学学报（哲学社会科学版），2005（5）：92.

2. 社会救助体系的形成及其基本内容

新中国社会救助体系的形成经历了一个相对漫长的过程。刘喜堂将社会救助体系的建设和形成分为四个大阶段[①]：

①1949—1955 年，新中国成立初期到社会主义改造时期的社会救济阶段；

②1957—1977 年，全面建设社会主义时期的社会救济阶段；

③1978—1992 年，改革开放前期的社会救济制度；

④1993 年至今，居民最低生活保障制度与新型社会救助体系的确立与发展阶段。

这四个阶段中，1949—1955 年新中国成立初期的社会救助主要通过紧急救助的形式，为战后大量贫民提供临时性救助，帮助他们渡过难关。1956 年进入全面建设社会主义时期后，单位体制成为我国最主要、最基本的社会组织方式，社会救助的对象主要是孤老病残、无单位人员以及一些有特殊社会身份的困难人员，社会救助的作用明显。1978 年至 1992 年的改革开放前期，我国的社会救助先是恢复计划经济时期的救助模式，维持城乡分野的救助格局，并在救助范围、救助方式、救助资金投入等方面有所发展。20 世纪 90 年代以后，社会救助与市场经济体制相适应，逐步构建了以低保救助、五保供养为核心，以专项救助为辅助，覆盖城乡的新型社会救助体系，初步实现了新型社会救助制度的定型化、规范化和体系化，实现了济贫理念由“救济”向“救助”的转变，为我国社会救助事业的稳步发展奠定了基础。[②]

纵观新中国成立七十多年来我国社会救助发展历程，可以发现其制度变迁有着自己的显著特征：一是从救灾救济一体到救灾、救助分离，二是从无标准救助到有标准救助，三是从依据身份救助到依据贫困程度救助，四是从随意性救助到规范性救助，五是从零散救助到系统救助。新型社会救助体系建立后，传统的分散救助项目逐步被整合为基本生活救助、专项救助和临时救助三大类。其中基本生活救助包括城市低保、农村低保、农村五保等，专项救助包括医疗救助、住房救助、教育救助等，临时救助主要针对遇到突发性、临时性困难的人群。[③]

社会救助的系统化、规范化为社会的正常运转以及人民基本生活提供了一

---

① 刘喜堂. 建国 60 年来我国社会救助发展历程与制度变迁 [J]. 华中师范大学学报（人文社会科学版），2010 (4)：19—22.

② 同上。

③ 同上，第 23 页。

些基础保障。进入21世纪，随着改革开放进一步深入带来的社会经济的快速发展，随着社会力量在众多公共事件中的凸显，以及广播电视等主流媒体的公益传播，政府逐渐放弃大包大揽、购买公共服务的行为，学界和社会各界对救助主体有了更为宽泛的认知，对救助责任由谁承担也有了更为开放的设想。社会中一些人也开始参与临时的突发的社会救助。因此，21世纪的社会救助体系建设的一个较大的变化，就是主体的扩充。陈成文、陈建平在《社会救助供给模式与新时代"弱有所扶"》一文中明确提出了政府、市场、社会组织三种力量构建协作型供给模式的设想。① 三种力量各有各的问题，各有各的优势，因此，扬长避短，互相协作，是新时期社会救助的新选择。

在现代社会救助实践中，作为相对于政府、市场而言的第三种力量，社会组织在增加救助资金、满足救助多元需求等方面已显现出多重独特优势。第一，社会组织的公益性有助于扩大社会捐赠。第二，社会组织的特质有助于掌握救助对象的真实诉求。英国学者约翰·米克尔莱特（John Micklewright）曾指出，社会救助项目很难覆盖到深度贫困对象，这是因为深度贫困对象往往处在社会边缘，获取社会救助的信息和被救助的机会往往很少；而相反，一些次贫困对象或非贫困对象可能会由于更了解社会救助而获得相应救助。解决这一社会救助资源瞄准偏差的最有效、最灵活的途径就是发挥社会组织的服务优势。第三，社会组织的专业性有助于提高救助效能。因为实施社会救助不仅需要资金，而且需要专业化的人员和技术。新时代社会救助制度必须构建"协作型"供给模式，坚持政府责任、市场责任和社会责任相统一。因此，需要做到以下三点：一是理清权责关系，强化政府供给主体责任；二是注重发展式救助，推动市场机制补充供给；三是培育社会组织，推动社会机制参与供给。②

就社会救助的内容而言，现实中经常有两种方式混杂使用，一是以救助对象来定，比如孤寡病残等群体、极度贫困人群、失业群体等。二是以救助方式和救助内容来定，比如援助最低生活保障、医疗救助、住房救助、教育救助等。2014年我国《社会救助暂行办法》出台，将社会救助归为8类，即最低生活保障、特困供养、医疗救助、住房救助、教育救助、就业救助、临时救助、受灾人员救助。这8类救助覆盖了大多数社会救助需求，但仍然无法覆盖特殊环境中产生的特殊救助需求，比如特殊情况下需要的法律援助等一些专业

① 陈成文，陈建平．社会救助供给模式与新时代"弱有所扶"［J］．甘肃社会科学，2019（1）：37－42．

② 同上，第37页。

化援助以及社会的互助互济等。同时，医疗救助对于因大病而产生的巨额医疗费用需求也不过是杯水车薪。社会救助的增长无法适应和跟上经济发展的需求和物价上涨节奏，也是许多民政部门要面临的问题。至于因为地理环境、自然因素、观念因素、历史遗留问题而产生的区域性贫困等问题，则事实上已经超越了单纯的社会救助的范围，成为我国社会特殊的“扶贫攻坚”难题。

受创设时间和经济社会发展水平的限制，当代中国新型社会救助体系还存在一些问题，主要表现在：社会救助的制度设计未能打破城乡分割的藩篱，农村居民享受的社会救助水平远远低于城市居民；社会救助的标准测算和动态调整机制有待进一步完善；以人工观察为主的财产、收入认定方法以及户籍管理制度改革，影响了社会救助对象识别的科学性，救助项目之间的衔接有待加强，以体现对老年人、残疾人、儿童等特殊困难对象的照顾；缺乏社会组织的广泛参与，社会救助仅限于现金或实物救助，救助服务的内涵亟须拓展等等。这些问题需要通过进一步完善制度，逐步推进社会救助的法制化、科学化、项目化、专业化以及信息化来解决。①

无论如何，社会救助作为社会保障制度的重要组成部分，首先它是居民生存权的基本保障，体现了国家与政府的职责。其次，社会救助也是发展市场经济的必然需求，社会主义市场经济需要平和稳定、公平正义的社会环境。再次，社会救助也是社会稳定的安全网和平衡器。② 总之，社会救助既是出于社会伦理而采取的必然举措，也体现了现代国家和政府的重要职责，是人类社会共同生存、发展的必然选择。

3. 社会救助运行体系中的传播环节

一直以来，社会救助是一个与社会经济发展程度、执政者执政理念密切相关的领域。从清末鸦片战争到 1949 年新中国成立，中国社会的更替动荡结构使得社会救助一直是一个不成体系的、政府量力而为的、民间自发的领域，新中国成立后的 70 年间（1949—2019 年），从计划经济体制时代的国家—单位保障制，到改革开放后市场经济时期的现代社会保制度，经历了一个较长的发展历程，中国现代社会救助体系的形成，与改革开放四十多年来的经济发展、公共服务意识的提高、人类基本权利和保障的提升有极其密切的关系。自 20

① 刘喜堂．建国 60 年来我国社会救助发展历程与制度变迁［J］．华中师范大学学报（人文社会科学版），2010（4）：24.

② 任振兴．社会救助的概念及原则［J］．社会福利，2003（3）：18.

世纪90年代初期以来，中国逐渐形成的社会救助体系基本结构包括以下5个方面。

（1）政府行政管理部门的管理与服务。我国的社会救助工作归口管理部门，经历了从民政部到劳动和社会保障部（1998年）到人力资源和社会保障部（2008年）的基本变迁过程。这一过程体现的是社会公共服务理念的凸显，同时也见证了中国政府大部制改革的基本过程。

（2）社会救助相关法律法规及政策的颁布与变迁。1979年，民政部召开了城市社会救助会议，这是我国首次把社会救助的建设纳入国家发展的一次会议。2006年，民政部《农村五保供养工作条例》颁布，社会救助制度开始惠及农村中的“五保”人群，基本上解决了中国文化传统中的“鳏寡孤独”救助供养的问题。1999年《城市居民最低生活保障条例》颁布，使城市的最低生活保障制度有了自己的法规性文件，标志着城市低保制度的全面实施和社会救助工作的全面发展。此后，针对教育、医疗、自然灾害等各方面专项救助的政策相继出台。

教育救助方面，2001年国务院针对农村贫困家庭，提出了学生在义务教育期间“两免一补”政策，即全部免除学杂费，全部免除书本费，补助寄宿生生活费；医疗救助方面，卫生部、民政部以及财政部于2003年2月针对农村建立了大病救助专项制度；住房救助上，20世纪90年代初我国就进行了城市住房救助试点工作，《城镇廉租住房管理办法》（1999年）、《经济适用住房管理办法》（2007年）等文件先后发布，针对城市低收入家庭，提供了廉租房、经济适用房、租房补贴等形式的住房救助制度。针对日益突出的自然灾害问题，2006年，我国颁布了《国家自然灾害救助应急预案》，提出了专门针对自然灾害的救助问题。与此同时，农村最低生活保障制度的建设也在逐步推进，在2006年的农村工作会议上，中央提出了在全国范围内建立农村最低生活保障制度的要求，要求结合实际进行试点。2007年7月，我国的农村最低生活保障制度从部分省市试点推向全国，进入了全面发展阶段。

2014年，全面而又系统的《社会救助暂行办法》出台，形成了以最低生活保障制度为核心的8个领域的社会救助内容及其推行办法，这标志着我国社会救助体系的基本形成。2010年，在自然灾害应急预案的基础上，我国又正式颁布了《自然灾害救助条例》，将自然灾害救助纳入更高层次的法律条例管理。

（3）社会救助的资金来源和财政保障。从1978年5月中华人民共和国民政部召开第一次党组会议并正式开始办公开始，社会救助即纳入了民政部基本的工作范围。自此，社会救助工作主要资金来源于政府财政。有研究表明，1978至1996年，政府一般预算支出占国内生产总值（GDP）的比重由30.5%直线降至11.1%。而1997年之后这一指标则不断提升（个别年份有波动）。具体来看，2000年政府一般预算支出占GDP的比重升至15.8%，2010年升至21.8%，2017年升至24.6%，已接近四分之一。社保、教育、卫生支出占一般公共预算支出比重也持续上升，从1978年的11.53%升至2017年的34.27%。社会救助资金即包含在一般预算支出的社会保障板块之内。而且，社会保障的支出随着经济的发展和财政支出的增加，也有了大幅度的增加，尤其是2014年8项基本社会救助范围出台后，执行力度也得到了进一步加强。

除政府财政保障外，社会救助资金也有一部分来源于社会资金募集。社会资金募集的主体主要是各类基金会。基金会的资金募集既有个体的捐助，也有企业和组织机构的捐助。1981年7月，中国儿童少年基金会成立，这是中国第一个全国性的基金会。客观上来说，这为中国慈善事业的进一步复苏和发展打下了基础。1989年10月，中国青少年发展基金会发起实施“希望工程”；1994年4月，全国第一个综合性慈善机构——中华慈善总会成立，标志着现代慈善理念开始在中国树立。2007年6月，中国第一家由互联网企业发起成立的基金会——腾讯公益慈善基金会成立，互联网公益募资开始大规模登上舞台。2008年因为汶川大地震对民间公益行动的呼唤，在中国大地上掀起了一股以灾难捐为主要形式的民间慈善浪潮，因此2008年被誉为中国民间“公益元年”。当年，中国慈善事业捐赠总额为1070亿元人民币，个人捐赠首次超过企业捐赠。2011年4月，媒体人邓飞联合500名记者发起免费午餐基金，为中国贫困地区儿童解决午餐问题。总体而言，社会救助的资金来源和财政保障，从单纯的政府财政支出，开始走向广泛的社会募集，个人、企业、公益组织、官方及非官方基金会在资金来源上，为社会救助提供了多样化的保证。

（4）社会救助信息系统的建设与公益信息的传播。社会救助信息系统的建设，除了官方基于8项基本社会救助的信息管理系统外，很少有面向社会的开放信息平台。在官方的管理平台以外，尤其在公益信息的传播上，社会救助面向困难个体或群体的途径太少，或者说，没有建立共享型的救助信息平台。相关的研究也几乎没有开展。2012至2013年，贵州毕节流浪儿童惨死垃圾箱事件发生后，关于应该如何建立社会救助的信息传播平台的议题，开始进入人们的视野。但随着社交媒体和应用的普及，人们很快默认了社交媒体这一传播平台。当然也许真正需要被关注的困难群体可能并没有进入社交媒体的视野，或者被社交媒体的信息海洋所淹没。2019年，有研究者提出我国社会救助体系整合路径的问题时，提到统一救助信息管理系统的问题。尽管《社会救助暂行办法》中规定了各级政府应该针对社会救助建立统一的信息管理系统，从而实现社会救助在信息上的互相联通和资源共享，但针对细节问题并没有做出具体的规定。因此，可以在瞄准和甄别的基础之上对救助对象的基本信息进行录入和建档立卡，并对这些信息联网处理，以方便查询；而针对流动性较强的农民工，应该建立专项的农民工社会救助信息系统，并进行全国联网，定期更新农民工的信息动态，及时进行社会救助。[①] 管理系统的运用还缺乏一个重要的价值，即信息管理系统在一定程度上应该对社会开放，以便需要特别救助的个体和群体以及在政府救助覆盖范围以外的群体能获得所需的对口救助。近年来出现的“轻松筹”“水滴筹”“相互保”等平台在社交媒体上的泛滥，正体现了社会救助力有不逮之处。这一类求助与救助信息的发布，正是社会救助需要补充的领域。信息系统的建设与社会救助公益信息传播的薄弱，正是整个社会救助体系中的软肋。

（5）社会救助信息的审核与监督管理。社会救助对象的认定，是最体现社会保障体系公平的地方，因此，审核与监督管理是社会救助中的重要环节。这一职责目前主要由政府职能部门的管理系统来完成，但社会的监督意识和要求公开透明的慈善意识，也正在与日俱增。2011 年的“郭美美事件”，青海玉树地震中民众对善款去向的追踪和要求公开，都体现了社会民众慈善意识的逐渐觉醒。

然而问题并不是公平公开这么简单，通常而言，社会救助关系具有“权利—无义务”和“责任—无权力”的逻辑框架。虽然，特别是中国的主流学者对“社会救助”的定义都是从政府的“职责和义务”与公民的“基本权利”的角度进行的，并试图凸显其定义的法学专业特性。但这种将“社会救助”置于“权利—义务”框架下进行探讨的思路，丝毫没有考虑这种界定思路及结果是否准确地刻画了“社会救助”制度实践和价值理念，特别是由此形成的特定知识体系在现实实践中的可操作性。因为迄今没有也无法通过“权利—义务”结构所可能赋予公民的诉权来对社会救助权加以救济。有研究者看出上述思路的不足之处——“忽略了被救济对象的义务”，恰好说明了这个界定的内在悖论。[②] 因此，当社会救助需要个人、企业、社会团体等社会力量的参与时，民

---

① 刘小晏．我国社会救助体系的整合路径研究［J］．经济研究导刊，2019（4）：52．

② 刘光华．社会救助：理论界定与中国的实践展开（上）［J］．兰州大学学报（社会科学版），2008（4）：107．

众对被救助对象的道德要求很有可能重新将“被救济对象的义务”提上日程。当被救助对象并不符合民众对社会救助的道德认知框架时，社会救助的矛盾和舆论上的非议就产生了，2014 年的“卖卫生巾救女”事件以及后续类似事件，被称为“炒作式求助”，饱受公众质疑。虽然“轻松筹”“水滴筹”等平台都相继设计和开通了对求助者信息的审核和甄别程序，也邀请求助者的亲友和社会力量对信息进行证实，但基于中国传统的人情社会的证实和社会资助利益获取的动机等原因，这些信息证实程序很难完美实现信息的监督。而一旦爆发“富人求助”或“求助者有奢侈消费”之类的舆论，就不再是单一事件的负面影响，伤害的是社会中所有人的公益心。总之，以目前的信息审核和监督水平来看，对被救助对象的信息核实和监督管理，仍将是社会救助中最受争议的地方。

第二节　社会救助公益传播的特性及其问题

在社会救助体系中，传播是一个较少被提及的问题，大多数研究是从公共管理和社会保障角度来展开的，侧重对社会救助的对象、政策，以及救助内容和方式的研究。传播作为社会救助信息的流动环节，直接影响着救助对象的获取和筛选、社会救助的实行，以及接受社会公开监督等问题。因此，社会救助体系中的公益信息传播其实是一个“牵一发而动全身”的环节。这个领域并不是一个系统设计和严格管理的领域，大多数时候都处于一种自发状态。

21 世纪社会救助中的公益传播，相对于传统公益广告时代，已经具备了一些新的特性。

1. 传播主体广泛化

在大众传播时代，公益广告、媒体新闻报道是社会救助信息传播的主要方式。除了大众媒体的报道和公益广告，主要有非政府组织（NGO）发布的公益广告、基金会发布的公益广告、媒体和个体发布的公益广告。主体以机构为主，内容以公益广告和新闻为主。个体的声音难以被听见。

在互联网社交媒体主导的时代，“人人拥有麦克风”让每一个个体都有了发声的机会，人人拥有在社交平台发声获取救助的权利。社交媒体的普及，在很大程度上解决了救助信息的源头问题，信息传播不再是专业传媒机构的特权，传播主体开始泛化。除了传统意义上的生存贫困，大量本没有生存危机的人极有可能陷入某一种困境。如疾病、意外突发事故、残疾、自然灾害等，都可能使一个家庭或个体陷入困境。在互联网以及移动互联网到来之前的时期，大量的社会求助信息只能在一定范围内通过口口相传等方式传播，极少数的信息可能进入报纸、广播电视和杂志的视野。个体手里没有“麦克风”的时代，社会求助主体非常单一，主要是少数个体案例通过大众媒体进行信息传播。社交媒体时代的到来，将社会带入一个“人人都有麦克风”的时代，通过社交媒体平台的传播，使传播主体高度泛化，绝大多数接受互联网信息的个体都可以通过手机和PC终端发布求助信息，加上网络求助平台工作人员（或志愿者）的专业代写代发服务，以及专业媒体信息发布的推动，社会救助信息的传播主体变得越来越多元和泛化。

2. 传播载体专业化

从信息传播载体的发展来说，社会救助体系中的传播经历了一个从大众媒体门户网站到社交媒体再到专业筹资平台的发展历程。世纪之交以及21世纪的前十年，大众媒体是主角，传统的广播、电视、报纸更多是在进行大量文化娱乐内容生产的同时，为履行社会责任进行社会救助公益信息的传播，包括新闻报道、公益广告等。门户网站是大众媒体的网络版延伸，在一段时间内也成为社会救助信息的传播渠道。2010年微博兴起以后，微信等各类社交媒体也相继出现，互联网的社交媒体传播成为社会救助信息民间传播最重要的方式。2014年9月，北京轻松筹平台成立；2015年底，爱心筹平台诞生；2016年6月，水滴爱心筹上线。三大商业化社会救助筹资平台的出现，直接将求助者、第三方证实、社交媒体与广大网民紧密聚合起来，成为疾病救助、灾难救助等最为重要的信息发布和筹资平台。微信、支付宝等网络支付方式的出现更是为网络求助直接解决了筹资通道问题。因此，这三个集信息发布、信息证实、筹资支付和提取为一体的网络救助平台，成为社会救助的专业化传播载体。几大平台借助网络科技，似乎一夜之间提供了社会救助信息传播与救助行为的一体化解决方案，但与此同时也带来了各类信任危机问题，“信息虚假”“富人筹款”“穷人救助富人”“信任消费”等带来了巨大的舆论压力。至此，特殊案例对社会信任的伤害、平台的商业盈利模式问题也引发了公众的质疑。

对传统大众媒体而言，公益传播仍是其重要的社会价值体现之一。中央电视台从《广而告之》开始形成了公益广告传播的惯例和传统。当然，这些公益广告中既有社会救助的内容，也有各类文化传播、社会道德层面的价值观传播等。在网络时代，央视网（www.cctv.com）开设了专门的公益频道，建立了

“全国优秀广播电视公益广告作品库”。这个作品库，既是公益广告传播的数据库，也是专业化的公益传播载体。

3. 传播内容煽情化

在大量的社会救助信息中，对求助者困境的讲述成为其中最重要的内容。比如轻松筹等平台的网络求助文本往往采用故事化的讲述方式。“在民间常用的表述方式中，故事化的讲述因其通俗、易读、动人成为他们首选的叙事模式，而最适合求助语境的又莫过于‘悲情叙事’。重大疾病、罕见疾病本身就符合人类生老病死的普遍困境，能获得每个人的同情，故事化的讲述方式贴近受众的生活日常，加上其中夹杂了个人情绪、情感渲染的话语表述，使网络求助文本天然带有‘悲情叙事’的重要表征。”[①] 此外，故事化的讲述方式更通俗易懂，有利于信息的传播，让人产生同情及代入感。这种悲情故事的讲述方式，具有明显的情感煽动作用，有利于筹资等社会求助目的的实现。

4. 传播速度飞快

2010 年“微博元年”到来后，社交媒体飞速发展。大量社会求助信息借助社交媒体，出现了快速、大规模、病毒式蔓延。社会救助进入每一个网民的生活之中，社会救助信息传播速度大大加快。一时间，微博、微信朋友圈中求助信息满天飞，也带来了很多问题，比如社会救助信息真假难辨，甚至出现了各种网络诈骗。

随着社会救助的普及和完整体系的建立，社会救助体系中的公益传播也相应有了系统化研究的需求。至少有如下问题要解决：社会救助信息的传播主体是谁？从个体生存和社会风险规避角度来讲，如果每个人都有求助的权利，那由谁来发布信息会更有公信力、更容易获得社会救助？社会救助信息的传播载体和渠道有哪些？传播载体的差异是否直接影响社会救助的实施和结果？社会救助信息的内容有什么特点？会影响社会救助的结果吗？社会救助信息的传播会带来舆论风险和道德困境吗？如果有，该如何解决？这些问题不是单纯从某一个角度就可以解决的，而是需要多个领域的交叉和综合研究。

---

① 李京丽. 网络求助文本的话语研究——对“轻松筹”和“微爱通道”的三个案例分析 [J]. 新闻界，2016 (11)：51.

在上述问题中，首先要解决的是传播主体的问题。社会救助公益传播主体的选择与限定，决定了社会救助公益传播的基本模式，关系着信息的真假，关系着社会救助公益传播体系的公信力，影响社会的信任度。从以往公益传播（主要是公益广告）的发展历史和传播主体的研究和分析中，我们可以对社会救助公益传播主体进行分析和思考。

5. 关键问题：社会救助公益传播模式未形成

社交媒体时代的信息传播具有明显的“病毒性”蔓延和“圈层性”特征。尤其是某些负面信息的传播速度和影响力，远远超过了社会救助信息本身。近年来，网上出现了不少关于轻松筹上“骗捐”和“诈捐”的案例。2019 年 3 月，一名“80 后”女子李延（化名）因患鼻咽癌在轻松筹发起求助，筹资 20 万，被网友举报。网友发现该女子名下有注册公司，有房有车。查证后平台与该女子进行沟通，女子退还了全部善款。2019 年 7 月，新疆一名男子网购病例在多个筹款平台进行筹款，被警方调查抓获。虽然所筹款项不到万元，但此类事件对社会信任的破坏力是巨大的。互联网带来了社会救助事业的春天，却也带来了网络信息的真假难辨。网络中介代开医院发票、制作假病历等服务，给一些心术不正的人以可乘之机，通过中介提供的材料，在平台上“诈捐”等事件多次出现。极大地破坏了社会信任度，各类筹款平台也备受质疑。2017 年 2 月，轻松筹就曾因信息审核不严而被民政部约谈过。

社会信任的建设是一个受多方因素影响的艰难工程，而破坏社会信任却只在一朝一夕之间。因此，社会救助体系中，谁来审核和传播公益信息，以保证救助到最需要的人，谁来进行个体信息发布的监督审查，是问题的关键。遗憾的是，我国社会救助中的公益信息传播，还未形成一个稳定而有公信力的模式。面对海量的网民个体求助需求，政府机构（尤其民政部门）无能为力，传统媒体自顾不暇，新兴媒体如过江之鲫，良莠不齐。资本市场迅速闻风而动，占领了社会救助信息发布及筹资阵地。从资本的逐利属性来说，社会救助公益传播已不是保障基本生存、增加困难群体保障、促进社会公平、保障社会安全的底线，而是资本逐猎的战场。

什么样的传播模式才能保证社会救助信息实现真正意义上的公益传播？除了发达国家政府福利制度的设计，也并没有先例可循。在拥有 14 亿人口的中国，面对绝对数量庞大的贫困人口，面对因疾病、意外、各类风险而陷入困境的群体，社会救助体系的公益信息传播应建设一个更切合公益传播价值需求的模式。如果回顾公益传播的历史，我们就会发现，对中国过去三十多年的公益广告传播发展历史的研究和思考，仍然可以为今天的社会救助公益传播模式提供一些基本参照。

第二章
公益广告：公益传播的典型范本

公益广告是政府、企业、媒体、社会组织或个人等主导进行的，以社会公益为内容、以广告为传播形式、以实现社会公共沟通为目的的一种公益传播活动。如果去除各项传播要素，那么公益广告的定义可以简要表述为：以广告为传播形式的所有公益传播活动与内容。公益广告在很长时间内是公益传播的主要内容，甚至等同于公益传播。因此，要进行社会救助的公益传播模式研究，公益广告的传播发展史和模式是一个良好的参照。

第一节　公益广告的概念

关于公益广告的概念定义，学者们的观点基本上大同小异。较早的公益广告研究中，有关公益广告的定义被引用较多的、代表性较强的如下：

1. 认为公益广告是为社会公共利益而创作和发布的非营利性广告，向大众传播某种公益观念、行为规范或者道德准则，劝服受众发生观念、态度和行为上的改变。如许俊基、丁俊杰、衡晓阳等人在《公益广告初探》一文中的定义："公益广告，是公共广告的一个组成部分，是不以营利为目的，为社会公共利益而创作、发布的广告，所以它又叫由社会参加的为社会服务的广告。公益广告区别于商业广告的目的在于它的非营利性，它通过呼吁公众对某一社会性问题的注意，去规范公众的言行举止，以达到培养良好的社会文化和风气的目的。公益广告策动它的受众去执行或支持某种为广大公众认为是有益的社会事业和风尚。"①其后有陈湛匀的定义："社会公益广告不同于商业广告，它并不推销商品或服务，而是向大众宣传符合社会要求的观念、行为准则、道德标

① 许俊基，丁俊杰，衡晓阳. 公益广告初探［J］. 现代传播，1991（4）：54.

准等。”[①] 高萍认为：“公益广告是为公众利益服务的非商业性广告。旨在以倡导或警示等方式来传播某种公益观念，促进社会精神文明建设。”[②] 潘泽宏在《公益广告导论》中对公益广告进行了如下定义：“面向社会广大大众，针对现实时弊和不良风尚，通过短小轻便的广告形式及其特殊的表现手法，激起公众的欣赏兴趣，进行善意的规劝和引导，匡正过失，树立新风，影响舆论，疏导社会心理，规范人们的社会行为，以维护社会道德和正常秩序，促进社会健康、和谐、有序运转，实现人与自然和谐永续发展为目的的广告宣传。”[③]

2. 认为公益广告是为公益事业和公益行动服务的广告传播活动。事实上就是将公益广告等同于“公益事业广告”。马玉梅、周云利等人认为，所谓公益广告是为公益行动、公益事业提供服务的，它是以推广有利于社会的道德观念、行为规范和思想意识为目的的广告传播活动。[④]

3. 认为公益广告是不以营利为直接目的、向公众传播对其有益的社会功能的广告活动。这自然就包括企业以提升企业形象为目的的公益广告传播活动。张明新在《公益广告的奥秘》中认为：所谓公益广告，是指不以营利为直接目的，采用艺术性的表现手段，向社会公众传播对其有益的社会功能的广告活动，以促进其态度和行为上的改变。[⑤]

4. 将公益广告的包容性放大到广义范畴，认为传播公益内容的广告就是公益广告。“所谓‘公益传播’，是以公益为目标或以公益为内容的传播。”[⑥] “广义的公益广告，是指传播公益内容的广告。对这类广告的界定有若干种表述形式，比如‘公共服务广告’，即 Public Service Advertising 或者 Public Interest Advertisement，是指利用广告技巧，传播公益理念，为社会公众服务，不以赢（营）利为目的的公共传播形式；公共广告（Public Advertising），由社会公共机构，如绿色和平组织、动物保护协会等社会团体针对他们所关心的社会问题发布的各类广告；意见广告（Opinion Advertising），企业集团针对某类社会现象，阐述企业的态度，表明企业在社会中的个性。这类公益广告确实传达的是公益内容，但在广告中都直接标出企业的名称。这些有关公益广告的概念经常容易混淆使用，实际上存在着根本的区分。一类公益广告，主要

---

① 陈湛匀．现代广告实务［M］．上海：上海人民出版社，1995：189.

② 高萍．公益广告初探［M］．北京：中国商业出版社，1999：11.

③ 潘泽宏．公益广告导论［M］．北京：中国广播电视出版社，2001：4.

④ 马玉梅，周云利．论公益广告的社会价值［J］．学术交流，2000（2）：64－65.

⑤ 张明新．公益广告的奥秘［M］．广州：广东经济出版社，2004.

⑥ 南平．超越《广而告之》：基于社会责任战略的公益传播［M］．北京：中国工商出版社，2009：113－114.

是公共服务广告，是指广告业承担起公共传播的职能，通过某种方式形成特定的机构，由这个机构出面，确定公益广告的主题，委托广告公司免费完成创意，并由机构出资制作，然后由媒体免费或优惠播出，最后由机构负责委托调查公司对公益广告的效果进行评定。而另一类公益广告虽然有公益内容，比如公共广告中的一部分，以及几乎所有的意见广告，但由于与特定的利益集团或企业有间接的关系，尤其是意见广告有无法避免的商业性。所以这类公益广告的发布一般都按商业广告的规定操作，即无论是创意、制作、发布、监测都是要按商业广告的标准付费的。"①

上述有关公益广告的定义，代表了中国学界对公益广告的典型看法。四川大学朱天认为，大部分有关公益广告的定义都来自 1987 年中央电视台《广而告之》开播之初阐明宗旨时的描述：公益广告通过提醒、批评、规劝，向广大人民群众传播各种有益于社会进步的思想、行为方式和道德准则，以改变人们的价值观和道德观，达到培育良好社会风气，促进社会文明与进步的目的。而且这些定义缺少对传达的对象、传达内容的审视、反思与检讨，这些定义"前置性地预设了传播者对传播观念正误的单方判断权，并借此对传播内容对受者的益害关系等问题进行了传者预判。由此造成了两种后果，一是直接导致了公益广告的发送者中心论。……从而极大地影响了传播效果；二是使公益广告无法与一般性的宣传相区别。……有时反而产生对抗性解读，使其所倡导的价值和精神被消解"②。诚然如此，但是从新的时代角度对于公益广告定义的反思，应该远不止如此。

对于一个定义而言，至少有两个最基本的部分：一是该概念的"属概念"，即它归属于什么学科的什么概念门类，这是概念的根本属性；二是该概念的"种差"，即该概念和同属于该门类的其他概念的本质差异。从这两个基本点来看公益广告的定义，现有关于公益广告的定义需要进一步明确。

首先，我们所要定义的"公益广告"是一种广告类别，还是一种公益传播活动或公益传播行为？如果将公益广告定义为一种广告类别，那么公益广告更多应该指向其传播内容，它只需要与商业广告进行区别，它的种差就是"非商业性"。如果将公益广告定义为一种公益传播活动或公益传播行为，那么它的种差就是"以广告为传播形式"。在以互联网、自媒体、微内容、网民等为显

---

① 陈刚，崔彤彦，季尚尚. 变革运行机制——重塑中国公益广告发展构架［J］. 广告大观（理论版），2007（2）：18.

② 朱天. 论当前我国公益广告的理念更新［J］. 新闻界，2007（5）：157－158.

著特征的网络传播时代，公益广告的定义也必须更好地符合时代特点，毕竟一切理论最重要的目的之一是进行社会阐释、表达和前瞻。

综上所述，其概念可定义为公益广告是政府、企业、媒体、社会组织或个人等主导进行的、以社会公益为内容、以广告为传播形式、以实现社会公共沟通为目的的一种公益传播活动。

第二节　公益广告的特性与主要功能：公益性社会沟通

1. 公益广告的基本特征

殷国华认为，公益广告的主要特性为：（1）非营利性；（2）观念性；（3）受众的广泛性；（4）利他主义的自觉性。[①] 这几个特性主要概括了大部分学者对公益广告特性研究的基本看法，但仍然有值得商榷和需要具体讨论的地方。

其一，非营利性应该是“非营利性或非直接营利性”。公益广告既然为“公益”，自然就不同于商业广告，不以赚钱、促进消费为直接目的，但非营利性从严格意义上来说，应该是非直接营利性或者不以商业利益为主要目的。因为前文讨论中把企业公益广告纳入了公益广告的范畴，而企业公益广告一般都是在公益内容的后面或者某一个合适的地方打上了企业的名称或商标。这种公益广告本身没有直接的营利目的，但是并不排除它对企业形象比如知名度、美誉度等产生有利的影响，从而间接促进该企业产品的销售。企业形象的传播就是包含在公益传播之中的“商业利益”，因此可以说具有间接的营利性。

其二，观念性并不能概括所有公益广告的内容特征。其实从 2008 年汶川地震之后，研究者就发现，并不是所有的公益广告都是向公众传播一种观念、一种价值。在某些重大突发事件中，向公众告知或公布某些公共事件，号召公众一起参与某些公益活动的广告也是公益广告。这些公益广告目前虽然比较少，但随着中国非营利组织和社会组织的发展及其在传播领域的作为，这类公益事件告知型广告应该会越来越多。从公益传播的角度，它似乎更应该属于“公益新闻”，但参考商业广告也有类似信息告知的广告，我们认为，这类告知公益事件或发布公益信息、号召公众参与的广告也是公益广告，但它并不是

---

① 殷国华. 公益广告的道德传播价值［J］. 广告人，2009（3）：109－110.

“观念性”的。

其三，受众的广泛性是个无法界定的特性。在媒体从大众传播和小众传播的分野进入“分众”传播的背景下，尤其是互联网带来的传播复杂性，使得“大众”和“小众”已经成为一个无法界定的概念。多少可以称为“大众”，多少算是“小众”，没有人可以给出确切的分界线。而且，互联网上一个人发布的公益广告，现有点击率多少，并不能说明它将来的受众会有多少。所以，受众的广泛性可以说是无法界定的特性，并没有数量上的实质意义。从发展公益传播的大走向来说，我们甚至期待某一个社区的公益宣传栏上的小漫画也可以称为公益“广告”。

其四，利他主义的自觉性。指的是公益广告从根本动机上的“纯公益性”——自觉利他。这是公益广告最重要的特征和核心精神所在。

2. 公益广告的功能

考察此前我国学者对公益广告功能的研究，综合起来主要有以下三点：

其一，公益广告的社会教育和伦理道德传承功能。最早的公益广告研究认为公益广告的主要功能是完成“社会教育”①；崔跃、李大为认为，“公益广告因其公益性为传承伦理道德提供了最佳传播方式”②；潘泽宏在《公益广告导论》中认为公益广告是实现社会教化、传播社会道德（包括文化整合和审美教育）、弘扬民族文化、参与社会价值导向的手段③。这是有关公益广告功能的最常见、最普遍的认识。

其二，公益广告是政府的宣传手段，是政府的舆论沟通手段，是积极的信息传播途径、全新的舆论宣传阵地，是政府和媒介表达观点的另一个舞台。香港研究者陈家华、程红认为，公益传播是“宣传社会价值新工具”④。张敏认为：“公共机构有必要进一步提高认识，增强自觉，把公益传播看作代表政府主持公平与正义的声音，主动利用这一市场体制下卓有成效的舆论沟通手段，恪守诚信为本这一与公众交往的行为规范，积极发现并努力解决公益问题，不断满足并持续开发公益需求，在维护和实现公共利益的过程中，积累诚信资

① 杜延龄．公益广告之社会功能刍议［J］．学术界，1991（1）：94.

② 崔跃，李大为．国内公益广告的伦理道德传承［J］．发展，2009（1）：115.

③ 潘泽宏：公益广告导论［M］．北京：中国广播电视出版社，2001：4.

④ 陈家华，程红．中国公益广告：宣传社会价值新工具［J］．新闻与传播研究，2003（4）：16.

质，塑造政府形象。”① 田明则认为：“在传统宣传手段之外，公益广告不仅需要成为一种积极可用的信息传播途径，更应该成为一块全新的舆论宣传阵地。……所以，公益广告所涉及的题材领域和起到的宣传作用就不该仅仅只是敲敲边鼓，它完全可以成为政府、媒介表达观点的另一个舞台。”②

其三，认为公益广告具有文化传承及社会整合功能。汤天甜对公益广告的社会功能概括得相对比较全面，她认为，我国公益广告主要具有“宣传教育功能、公共引导功能、文化传承功能、社会整合功能”，而具体到突出事件中，公益广告的功能则是突出时效、正面宣传，激发爱心、增强信心，慰藉人心、安抚民意，凝聚人心、团结社会。③

张敏等学者提出了公益广告的“公共沟通”功能。张敏认为公益广告是政府提供的有组织、有目的、有计划的公共沟通服务：“公益广告是服务于公共利益的广告。……因而成为公共事务的组成部分，成为以政府为代表的公共机构应当从事的有组织、有目的、有计划的公众沟通服务，旨在引导公众改善自己的态度行为，换取公共利益的实现。”④“公益广告是服务于公共利益的广告。它针对社会生活中的公益问题，借助沟通服务实现公众动员，通过其态度转变和行为选择，推动公共利益的实现。其功能定位于社会内部的沟通服务，在知情规劝心灵交流的过程中，依靠良知和舆论的力量来解决认识分歧价值争议。”⑤

此外，还有专门针对企业公益广告和城市公共关系广告的公益广告其功能主要有“提升城市形象，并在必要时起到危机公关的作用”⑥ 等。对于城市形象广告和公关广告，前面已经讨论过，不列入公益广告讨论范畴。

在前面所述的公益广告的功能中，除了张敏所说的公益广告的功能定位于“社会内部的沟通服务”以外，我们可以看到几乎所有关于公益广告的功能阐述都带有非常明显的“政府本位”特点。这既是我国改革开放四十多年来公益

① 张敏．公益广告的困境与出路［C］//2008年度上海市社会科学界第六届学术年会文集（政治·法律·社会学科卷）．上海：上海社会科学界联合会，2008：22.

② 田明．电视公益广告：现实使命与未来指向——从上海抗“非典”电视公益广告谈起［J］．新闻记者，2003（9）：24.

③ 汤天甜．突发事件中公益广告的功能初探——以5·12地震中的公益广告为例［J］．现代视听，2008（8）：49.

④ 张敏．公益广告的困境与出路［C］//2008年度上海市社会科学界第六届学术年会文集（政治·法律·社会学科卷）．上海：上海社会科学界联合会，2008：24.

⑤ 张敏．作为公共沟通的公益广告［J］．中国广告，2009（3）：102.

⑥ 田明．电视公益广告：现实使命与未来指向——从上海抗“非典”电视公益广告谈起［J］．新闻记者，2003（9）：24.

广告的发展现实，也是公益广告研究难以跳出现有圈子的主要原因。如果立足于社会的公益传播这一基本角度，公益广告的社会功能在原有的功能阐述上应该有进一步的深入，除了“政府本位”以外，应该还有社会组织、市场等主导的一系列公益广告传播活动，这使得公益广告的社会功能将进一步扩大。笔者认为，公益广告的功能可以分为四大板块。

第一，传播公益观念，实现社会教化，提升公民素质。这是目前大部分公益广告的功能，即通过一个故事、一个场景、一句话语传播公益观念、文化理念、公共价值等，以劝服大众接受观念或者改变对某些事件的态度。比如家庭美德教育、环境保护、动物保护、艾滋病预防、民族文化保护和弘扬等。这就是公益广告的社会教化功能。

第二，公益事件告知及社会力量整合。这主要体现在针对某个具体的公共事件、公益事件而传播的公益广告中，个人、团体组织、公共机构、媒体机构等通过网络、主流媒体发布公益广告，告知公共事件，发动公众参与公益行动，从而起到整合社会力量、凝聚民族精神、践行公益行动的作用。比如2008年汶川大地震后，许多个人和社会团体就通过公益广告，告知本人或团体即将采取某项公益行动，召集志愿者或同行共同参与某项公益活动，比如召集志愿者、举行大型纪念活动和“修复心灵创伤”“正常生活运动”等。

第三，公共舆论监督。公共舆论监督主要体现在某些社会公共事件和社会现象中，公益广告能够通过劝诫、警示、提醒等传播方式形成舆论监督。事实上在我国的公益广告发展史上也曾经出现过许多反腐倡廉广告。当然，这些公益广告基本都是由纪律检查委员会等相关部门主导制作和传播的，对社会腐败现象起到了一定的提醒和威慑作用。但是，如若这些公益广告由社会机构、媒体等相对独立的个体或者机构主导进行，对各类贪污腐败现象进行提点、规劝等，对各类社会不公正现象进行舆论宣传、监督，那么公益广告的“公共舆论监督”功能的实现便指日可待。

第四，危机公关功能。危机公关功能只在某些特殊情况下出现，当政府、企业、社会组织遭遇公共危机，遭到公众误解时，往往会以公益广告的方式，实现公众态度的扭转。比如2008年汶川地震后，四川省级和成都本地电视和报纸媒体就多次播出公益广告，传播“四川依然美丽”的形象概念，降低汶川地震对四川及成都城市形象带来的负面影响，消除公众对震后四川的恐惧心理。2009年2月，为了帮助四川灾后重建，中国红十字总会联合中国电影家协会、中国曲艺家协会、中国广告协会、四川省委宣传部、四川省红十字会等发起“四川依然美丽”的大型公益广告行动，弘扬中华民族无所畏惧、团结一致的伟大精神，鼓励更多的爱心企业和个人承担社会责任。因此，公益广告的危机公关功能也被政府、企业、社团组织充分认识，成为公共事件中实现公共信息对称、稳定公众情绪、维护形象的重要手段之一。

这几个板块中，有一些是被公益广告传播实践充分验证过的基本功能，有一些还是正在进一步发展中，需要实践来充分验证的社会功能。这些功能并不是每一个单一的公益广告都同时具备的，有些可能需要在某些特定的传播环境中才能实现。实现公益广告传播的主体既包括政府公共机构，也包括社会个体和各类社会组织、媒体、企业、公民等。

从整体来看，公益广告不论是告知公共事件、发动公益行动、整合社会力量、传播公益观念，还是实现危机公关，其总的社会功能在于实现社会的公共沟通。其公共沟通功能在两个层面上得以实现：其一是在最广泛的社会公众之间实现公共沟通，就某些公共事件、公共伦理道德和行为取得一致意见，协调不同观念，达到社会和谐。其二是在政府、市场与社会之间形成沟通通道，就许多公共事件、价值观念等实现信息互动与沟通，在政府的政策宣传、舆论引导与市场的消费意识传播以外，实现一种基于最广泛公共利益的平等互动沟通。因此，公益广告的“公共沟通”功能就不仅仅定位于社会内部的沟通服务，而是更为广泛意义上的包括政府、市场、社会组织在内的社会沟通。

第三节　公益广告的本质：公共传播与社会价值型公益

对公益广告的本质考察决定着我们研究公益广告发展的价值导向。从传播学角度看，公益广告是一种传播现象、一项传播事业；从社会学角度看，公益广告是公民与社会的沟通交往行为，是政府、社会与市场共同的沟通交往行为；从新公共管理角度来考察，公益广告是协调社会关系、在协商和沟通的基础上实现价值统一与利益协商的重要手段之一。对公益广告进行本质透视，是公益广告运行模式研究中的根本价值指引。

1. 公益广告的传播本质：公共传播

公共传播源于西方的公共关系学和修辞或语义传播学。它在传播学里的位置可以这样来描述：“为了界定传播学这个领域，我们可以用树来做个象征或类比，也就是把传播学当作一棵树来看待。这棵传播树的主干就是‘传播’（Communication）本身这个概念，通常以‘传播学概论’‘传播理论’与‘传播研究方法’三个科目为主。这棵传播树有六大枝干：人际间传播学（Interpersonal Communication）、小团体传播学（Small Group Communication）、组织传播学（Organizational Communication）、公共传播学（Public Communication）、大众传播学（Mass Communication）、与文化间传播学（Intercultural Communication）。”① 西方学者使用的公共传播（public communication）概念，更多基于对公共关系局限性的认识，他们使用公共传播的概念来解释全球化过程中组织与公众沟通与管理间的冲突与问题。所以在此提出公共传播的概念，它指向的是任何组织在处理和化解危机中所应有的一种思维行为模式，这种模式强调的是以组织所面向的现实的、潜在的公众为思路和出发点，在与这些公众利益的博弈过程中达到组织利益的最大化。在这种博弈中，重构组织合理化运行的机制，而这种重构的机制是以改变组织以往运行的方式为代价的，这也正是在当下社会变迁中研究公共传播的必要性。公共传播一方面强调全球化语境下思维模式的由外向内，另一方面则强调组织在社会结构中的或多或少的改变，这种改变的特点是在过程中完成的。

公共传播概念最早是20世纪四五十年代西方媒体反思其过度商业化的过程中产生的。在反思商业化的同时，它们提出媒体应该具有一定的社会功能，包括监视环境、使社会的组成部分对环境做出反应时相互关联、传递社会遗产等。20世纪60年代，公共传播理论开始指向媒体实践，媒体在西方社会反越战、反种族歧视等各种社会运动中扮演了重要的角色，它们站在公众的立场，开始立场鲜明地维护公众利益，因而在政府机构、商业组织、基金会和志愿者之间起着沟通和联系的纽带作用，媒体的公共传播意识开始得到进一步确立。

20世纪80年代，公共传播作为媒介研究的重要理论被正式提出来。作为公共传播的大众媒介开始探寻公众如何接近并使用媒体，公共信息和知识应该如何传播和扩散的问题。媒体从此更加重视社会公众而不是经济权力的需求。公共新闻是一种每天都在运行的新闻传播活动，它号召媒体将受众作为公民，作为公共事件的潜在的参与者，而不仅仅是（公共事件的）牺牲者或旁观者；帮助解决社会问题；改善公众讨论的舆论环境，而不是冷眼旁观这种环境越变越坏；帮助公共生活走向更加和谐美好。② 石长顺认为，大众媒体的公共传播至少具有以下特点：(1) 公共传播与私人传播相区别，不是为了改善人际间的亲密关系，而是为了促进公共利益；(2) 公共传播与市场过程相区别，不是为

---

① 陈国明. 简明英汉传播学辞典 [M]. 北京：中国人民大学出版社，2003.

② Theodore L. Glasser. The Idea of Public Journalism [M]. New York: Guilford, 1999: 21-48.

了交换价值和剩余价值生产，而是为了通过传播结构实现公共信息扩散和公众意见交流；(3) 公共传播应该直指实践，它在实践中诉求“自由”和“平等”；(4) 公共传播并不是要求媒体占据完全分离的空间，相反，公共传播正是在媒体参与市场的前提下起作用的，它坚持公共利益胜于商业利益。①

在各类传播现象越来越复杂的传媒环境下，有关公益广告传播本质的论述一直模糊不清。在公益广告的发展史上，曾经一度将公益广告等同于非商业广告，认为其本质就是“非商业性”，而随着各类非商业性传播现象的逐渐复杂和增多，研究者们发现，这些非商业性传播早已超越公益广告的发展范畴，为公益广告的发展制造了一层又一层迷雾。比如一度发展势头良好的城市形象电视广告、政府政策宣传等标语口号式的广告、公共场合的温馨提示和节假日问候广告、公共事件短信广告等，不一而足，这些类型的广告在前文中已经做了详细的分析和剥离。那么，不等同于“非商业广告”的公益广告，其传播本质到底是什么呢？通过前文对公益广告概念、传播特征和社会功能的阐述可以发现，公益广告不是商业传播，更多的是社会传播，它是一种公共传播形式。

首先，从传播主体上看，公益广告“真正的主体是公共利益的总体”②，只是由于我国社会组织的发展一直以来比较迟缓，因此大部分时间都是由政府代表公共利益总体，企业部分参与，以此行使公益广告的创作和传播任务。但是，2008 年社会力量在多次重大灾害中爆发出巨大的力量和社会影响，公益广告的传播主体逐渐多元化，真正的公共利益的总体及其代表力量逐渐浮出水面。而“公共利益的总体”这一主体，是决定公益广告的公共传播本质的最根本要素。

其次，从内容上看，公益广告的传播内容一般都与社会公共事务或公益事务相关。不管是环境保护、生态平衡、动植物资源保护、艾滋病防治宣传、灾难救助和支援，还是公共道德传播、个人权利保障等，都属于全社会共同关注的公益事务。

第三，从受众角度看，其传播受众是广大社会公众，尤其是具有公民意识的公众。这些受众可能分布在政府机关、市场企业、广大社会团体及各个职业，但都具有接受公共道德和价值观念的基本能力，大部分还拥有传播公益思想的能力和平台，拥有一定程度的自由表达权，能够在某些公共事务和公益事

① 石长顺，周莉．新兴媒体公共传播的核心价值 [J]．华中科技大学学报（社会科学版），2008 (1)：41—46.

② 陈刚．公共传播与公益广告 [J]．广告大观（综合版），2005 (4)：115.

务中与政府、市场等进行沟通与对话。

第四，公益广告传播的目的是就某些社会公共事务或公益事务的观念和认识达成协调统一，实现公共沟通。这里的公共沟通有两个层次：一是广大公众之间关于某些社会公共事务、社会价值观的信息对称与流动，从而在具体公共事务的认识上协调一致；二是社会与政府、市场之间的互动和沟通。比如企业向公众传播某种公益理念以获得认同，政府就某些公共事务与公众达成一致认识等。除了公益广告，公共空间中的文化批判、申请、呼吁、舆论监督也是该层次的公共沟通的方式之一。

有关公益广告的公共传播本质，北京大学陈刚教授在2005年有一个十分具有启发性的论述："应该强调的是，公益广告实质上是公共传播的一种形式，因此从公共传播的角度，可以更好地厘清公益广告发展存在的一些问题。……作为一种公共传播形式，公益广告同其他广告形式相比，不仅是内容的区别，更重要的是在具体的运作流程上的特色。比如发布的主体虽然表面上是某些代表特定公共利益的非赢（营）利性机构，或者是代为发布的企业、媒介等赢（营）利性机构，但是实际上公益广告真正的主体是公共利益的总体，这个总体经常是看不见的。"① 张敏也认为公益广告是一种"公共服务"，这与陈刚的"公共传播"虽然角度不同，但却有着本质上的一致。只是张敏认为这种公共服务是市场条件下的。他说："公共机构和公益广告之间，是一种公众代表和公共服务的关系；应当参考国外经验，把它当作代表政府主持公平正义的声音，主动利用这一市场条件下卓有成效的公共沟通手段，积极发现并努力解决公益问题，在维护公共利益的过程中，赢得支持与信任……遗憾的是，作为市场条件下的公共服务，我们至今对它认识不足组织不力，致使公益广告的发展长期陷于无主体困境，缺乏法律保障和资金来源、社会各界参与不足、发布媒体与地域不均衡、主题针对性和创意水平受局限，影响到其作用的发挥和可持续发展。"②

因此，公益广告在其传播本质上，是以社会公共事务或公益事务为传播内容，以社会公众为传播对象，以实现公共沟通为目的，实现社会关系和谐的公共传播。

---

① 陈刚．公共传播与公益广告［J］．广告大观（综合版），2005（4）：115．

② 张敏．作为公共沟通的公益广告［J］．中国广告，2009（3）：102．

2. 公益广告的社会本质：社会价值型公益

公益广告传播作为一项社会活动，从社会学角度看，属于人类个体和组织的沟通与精神交往行为，是人与社会的沟通，是政府、市场、社会组织三大部门实现公共事务沟通和观念交往的行为，而以电视、报纸、互联网等为代表的媒体机构和技术手段，就是这个交往行为的平台。但是随着公益广告从政府计划体制到自由市场体制下的发展，随着传播自由和传播权利的逐步获得，公益广告传播逐渐成为一项对社会发展起着重要桥梁作用的公益事业，因此，现代意义上的公益广告传播是以大众传媒为基础的，用现代技术手段创作的，有组织、有主题、有目的的公益传播事业。

在政府、市场、社会三分的社会结构和互联网、手机等带来的全新传媒环境下，这项公益传播事业的运行和实施已经成为新公共管理的课题之一。从新公共管理提供的视角来考察，公益广告就跳出了传播和广告的既有圈子，进入社会公益提供这一理论范畴。

（1）新公共管理的社会公益提供理论

陶传进在《社会公益供给——NPO、公共部门与市场》中将社会公益从提供的内容类型上分为公共物品型公益、慈善型公益、维权型公益、价值型公益四种类型。其中价值型公益的“服务内容中体现着特定的价值观，人们一般会认为，如果由私人营利组织来提供这类服务，服务的内容未必能够保证不被扭曲，或者是未必有人愿意购买这类服务，于是就需要以公益服务的形式提供它们。这类公益就是：1. 为社会提供特定的价值观，影响人们的价值判断，这类价值的出现是无法通过市场机制实现的，如社会公德；2. 满足人们的那些市场机制无法满足的价值，如艺术审美的需要、认同需要等”①。但是这类特定价值观的提供必须符合社会公共道德，才能被认为具有公益性，才会被认为是公共物品，否则，一些邪教和非法煽动组织所提供的某些价值观也可以被视为价值型公益了。陶传进对这一点进行了清晰的论述：“当某一价值符合社会公德之时，对它的塑造就具有公益性，体现在，当每一个人都接受了社会公德而作为自己的行为标准时，全社会的人都会从其行为中受到益处，在对整个社会有好处这一点上，它同公共物品型公益一样。所以，在理论上我们仍然可以将之建构成公共物品型公益的一种形式：当为全社会提供一种有益于社会道

① 陶传进. 社会公益供给——NPO、公共部门与市场［M］. 北京：清华大学出版社，2005：143.

德进步的价值观时，该价值观就可以被看成一种全社会的公共物品。”①

（2）公益广告作为社会价值型公益

公益广告提供的是社会精神产品，属于典型的价值型公益，它为社会提供的是特定的价值观，提供的是对某些公共观念的沟通和交流，使公众在沟通和妥协中获得价值认同的满足。因此，和公共物品型公益一样，公益广告应该被纳入社会公益的提供系统，得到持续有效的供给。“二者又有细微区别，公共物品型公益是每一个人都希望得到的，每一个人得到后对其自身有益；而在价值观这里，一个人的接受会让社会受益，因为它将做出有益于社会的行为；且个人并不一定认为自己的接受会使自己受益，在他接受之前，他可以对此价值毫不认同，根本不会认为接受它将使自己受益，而在接受之后，价值观内化，他会认为接受的值得。”②

对社会公益从内容上进行分类后，新公共管理要解决的问题就是，这些社会公益由谁来提供，根据新公共管理最基本的“有限政府”理论，陶传进在通过系列论证后，认为文化建设中，应该由非营利组织来取代政府，提供文化公益产品服务。③

3. 公益广告的核心价值：协商与沟通平台上的公共利益

公益广告作为一项传播事业，作为公共沟通的渠道和实现手段，要获得长远有效的发展，应该有合适的传播土壤和环境，公益广告传播需要一定的价值基础。

（1）价值基础：契约精神、利他主义、沟通的可能

契约精神。就文化特质而论，传统社会以身份为根本特征，现代社会以契约为根本特征。中国社会生活的契约化，是市场经济发展的必然要求和结果。遵守契约，这是契约社会的基本价值取向，也是个体的基本素养，体现在公益广告传播上，即以默认契约的方式，彼此接受和认同某些社会价值和公共道德，从而完成观念和价值的交流。正是在此基本素养的基础上，公益广告所带来的以观念性为主的公共沟通和互动才具有可行性和有效性。

利他主义。利他主义思想在东西方都有明确的价值基础。中国以儒家为代表的“仁者爱人”（孟子），“仁之法，在爱人，不在爱我”（董仲舒），“以爱己

① 陶传进. 社会公益供给——NPO、公共部门与市场［M］. 北京：清华大学出版社，2005：144.

② 同上。

③ 同上，第 334 页。

之心爱人则尽仁”（张载）等，都是利他主义的仁者情怀。西方对个体的尊重与对理性的追求等，都是利他主义的源头，但无论东西方，利他主义更多都是一种价值追求而不是一种利益选择。对于利他主义，我们一定需要在私益价值以外寻找原因，因为仅从私益的角度看这是一种荒谬的行为。我们可能会找到一种对公众的关怀、一种信仰的力量、一种社会责任感或者是一种特殊的价值观，无论如何，有一点是肯定的，这就是他觉得这么做值得。在物质利益之外，他肯定获得了另外一种回报。这种回报正是利他主义或公益伦理所追求的一种价值满足。这种价值追求和满足保障了参与公益广告传播活动的主体对其公益性的保障。

沟通的可能。如果按照彼德斯《交流的无奈：传播思想史》[①] 中的观点，真正的完美的沟通和交流是不存在的，交流是无奈的，那还有什么传播的必要呢？而事实上，只是不存在终极意义上的沟通和理解。从传播实践来说，部分的、局部沟通是完全可能的，并且，诸多传播和沟通的技术手段正在让这个世界最大限度地接近完美沟通。对于公益广告来说，沟通的可能前提只在于沟通双方（传播者和受众，或受众又反过来成为传播者）有着共同的领域和空间，这个空间可能包括同一地域、相同的语言或符号、文化记忆、知识结构等内容。有了这些共同的文化符号，公益广告的公共沟通就有了实践上的可能。

（2）价值导向和追求：协商与沟通平台上的公共利益

公益广告是公益传播的一种基本形式，作为社会价值型公益，公益广告的价值导向和追求都遵循着基本的公益伦理：实现社会公共利益，促进个人幸福发展，维护社会公平正义，推动社会进步与和谐。因此，公益广告是服务于公共利益的广告。它虽借助广告形式，但又区别于一般广告活动，即服务于公共利益，而不是特定利益。服务于全体和长远，而不是暂时和局部，因而成为公共事务的组成部分，成为以政府为代表的公共机构应当从事的有组织、有目的、有计划的公众沟通服务，旨在引导公众改善自己的态度行为，换取公共利益的实现。

许多学者都认同，公共利益是公益传播当然也包括公益广告的核心价值所在。张敏认为，公益广告具有不同于商业广告的公益本性，及其依靠公众、内部传播、启发规劝、诉诸舆论和针对实际问题等基本特征。公益广告以公益为根本，把对公平、正义、文明、进步的追求，具体化解为现实生活

① 彼德斯．交流的无奈：传播思想史［M］．何道宽，译．北京：华夏出版社，2003.

中的一个个涉及公益的实际问题，有策略有步骤地加以解决。[①]

但是何谓真正的“公益利益”呢？这是一个需要梳理清楚的问题。

首先是“公共利益”与“个人利益”的关系。从公益伦理角度来看，“个人利益包含于公共利益，公共利益对个人利益具有超越性……个人利益和公共利益的结合产生出利益实现的公益性”[②]。公共利益并不排除个人利益，因为“公益”，正是由大多数的“私益”构成的，不能保证“私益”，就谈不上保证公益。就公益广告的价值追求来看，一个公民受到启示，改变某种价值观念，从事某项社会事业，个人精神受到鼓舞和提升，看似是私益得到了满足，但客观上满足的却正是他以外的公共利益。再如，一个失学儿童在某一项公益广告传播计划资助下，个人利益得到了保障，但这个失学儿童正是作为广大失学儿童群体的一员而存在，他受到资助，正是公共利益得到了体现。因此，“符合公益伦理的个人利益和公共利益都是公益性的”[③]。

其次，公共利益具有时代性和当下性。就是说，当下的公共利益是如何形成的？什么才能代表真正的“公共利益”？朱天在《论当前我国公益广告的理念更新》一文中认为：当下的公共利益应该是传统与现代整合背景下，适合当代市场经济发展的市场伦理，同时，在公平的基础上，关怀困难群体，为社会提供公共交流，这即是当前最大的公共利益。“如何理解‘公益性’，说穿了就是往哪里导向的问题，这在很大程度上取决于时代的需要。…… 中国市场经济的高速发展，带来了对文化认同与文化整合的自然需求，这种需求在促进公益广告发展的同时，也对其‘公益性’提出了目标和方向——从市场经济带来的价值困境中突围，建设适应市场经济发展的新文化，积极地进入人们的价值判断与评价，影响社会公众的价值伦理选择。”[④]朱天希望公益广告的导向能够真正地塑造大众的思想，他提出了公益广告如何表达公共利益的方向：（1）首先应该强调工具伦理，满足受众的功利需要。公益广告的“公益性”应体现在市场伦理的探索、提倡与推广上。新型的工具性伦理由于能最大限度地在当前社会语境中扩大外部奖励，减少惩罚，满足了当下的受众心理需求，能最大限度地改变其态度。比较宏大叙事的价值理性，高高在上的追求性道德来说，强调功利主义伦理，激活其需求，

① 张敏．公益广告的困境与出路［C］//2008年度上海市社会科学界第六届学术年会文集（政治·法律·社会学科卷）．上海：上海社会科学界联合会，2008：23－24．

② 戚小村．公益伦理略论［D］．长沙：湖南师范大学，2006：137．

③ 同上。

④ 朱天．论当前我国公益广告的理念更新［J］．新闻界，2007（5）：157．

突出并满足与需求相关的方法和路径，无疑能取得更为优良的传播效果。（2）整合传统与现代，重建公民道德价值体系。公益广告应该注意中国社会转型时期的文化特征，维系传统文化中对真善美的呼唤，同时对传统价值规范及符号进行重释，在新的文化传播意识的指引和市场规则的无形支配下，对公民道德文化进行新的建构，把国家、民族与个人联系在一起，帮助社会树立一种共同的新的价值观，向受众提供道德支撑和价值规范，使新的公民道德真正与受众需要紧密纽结在一起。（3）关怀困难群体，提供公共交流。现代社会的发展，人们之间的利益冲突逐渐激化，构筑一个现代化的和谐社会就是公益广告之“公益性”的题中之义。在各社会群体之间加强交流改变偏见无疑是当下“公益性”最能彰显的领域之一。其中，反映困难群体的要求和问题是这种交流的根本，增进公众对他们的了解和关注，从而体现现代社会的公平意识，促进和谐社会的建构，正是公益广告“公益性”题中应有之义。①

再次，公共利益的合理性该如何体现的问题。“公共利益体现社会公众对其普遍利益、根本利益的要求，一般具备如下特征：一是公共性，即受益主体具有普遍性或不特定性，利益的实现主要依赖以政府为代表的公共选择机制，而非以市场为代表的私人选择机制；二是正当性，对公共利益的界定须广泛听取并充分尊重公众意见，保证其民意基础；三是合理性，利益的实现常常要以其他利益的减损为代价，对公共利益必须从不同角度反复权衡，对其实现方式权衡效率，对其可能减损的私人利益与可能增长的公共利益权衡得失，最大限度地避免因小失大；四是公平性，为了增进公共利益而受到减损的私人利益，必须给予得失相当的公平补偿，而不能以象征性的适当补偿或弹性很大的相应补偿来替代。”②

最后，公共利益应该包含的其他价值。在一个从单向传播走向双向互动沟通的传媒时代，公众表达的渠道越来越丰富，和传统的主题预设式的传播相比，传播主体要通过各种渠道获取公众的传播需求并不是太困难的事情，尤其在大家都关心的某些公共事务上。因此，真正的公益利益应该是在协调和沟通基础上形成的多数人的利益，应该充分注重“需求导向”与“问题先行”③，才能从传者中心论走向受众需求，真正达到实现公共交流的目的。

---

① 朱天. 论当前我国公益广告的理念更新［J］. 新闻界，2007（5）：158.

② 张敏. 公益广告的困境与出路［C］//2008年度上海市社会科学界第六届学术年会文集（政治·法律·社会学科卷）. 上海：上海社会科学界联合会，2008：24.

③ 朱天. 论当前我国公益广告的理念更新［J］. 新闻界，2007（5）：157.

另外，效率、公平、正义也是公共利益中应该遵循的原则和价值取向。作为一项公共传播活动，沟通的效率也是公益广告要注重的，尤其是在某些关系到国计民生的公共信息的公开和导向上，在某些重大公益活动的召集和社会引导上，在某些刻不容缓的社会价值和公共观念的传播上，公益广告都应该及时做出反应，才能最快、最大限度地保证公共利益的实现，减少因为公共交流不畅而带来的社会损失。公平和正义也是公共利益的应有之义，公益广告是一项具有人文关怀的社会传播活动，关怀困难群体，注重公平和正义，维护公民个体权利，是公共利益的体现。而且，不仅要关注当下社会的公共利益，也必须关注子孙后代的共同利益。要立足当下，也要兼顾长远的公共利益（比如一些关注环保和生态平衡的公益广告）。这样，才能真正为社会提供公共价值、塑造公共价值、传播公共价值，追求公共利益的最大化、最长远化。

第三章

中国公益广告事业运行的历史模式考察

模式是一个事物的标准样式，是完成某一项任务或解决某一个问题的方法论。在具体操作中，模式往往意味着一个可以复制的操作模型。公益广告和其他传播现象一样，有传播主体、议程设置、传播渠道和受众等要素。但同时作为一项社会公益事业，又与一般的传播活动存在区别，公益广告与一般广告传播活动的根本区别在于其是否是出于公益性动机并且传播公益内容。那么，公益性公益广告的模式由什么来决定呢？公益广告活动的传播主体、资金来源、传播内容（内容设置方式）、奖项设置（评价体系）、发布平台等方面都是公益广告运行模式的具体体现。其中，传播主体、驱动机制、资金来源是决定公益广告运行模式的关键因素。在我国特殊的国情环境中，传播主体往往决定了传播的运行机制和资金来源，因而，传播主体的不同，几乎就决定了我国公益广告传播在不同时期的不同模式。

第一节　中国公益广告发展的分期

1. 有关公益广告发展的分期

有关中国现代公益广告发展的分期，学界存在不同的看法，一种是以1978年改革开放为起点，一种是以1987年中央电视台《广而告之》栏目的开播为起点。典型的分法如下：

王云、冯亦驰在《公益广告十五年》（2003）中以1987年为起点，将中国公益广告的发展分为两个阶段，1987—1995年为发轫期，1996—2003年为公益广告事业初步繁荣期。

朱健强在《改革开放30年电视公益广告主题回眸》（2009）中将公益广

告分为三个阶段：第一阶段是 1987 年到 1995 年的我国公益广告事业萌芽期，第二阶段是 1996 年到 2000 年间的公益广告事业的初步繁荣期，第三阶段是 2001 年后公益广告初步繁荣后的稳定发展阶段。这与王云等人的分期基本相似。

陈辉兴（2008）将中国电视公益广告发展 30 年的历程分为以下几个阶段：

中国电视公益广告的孕育期（1978—1985），其标志是 1978 年中央电视台开始以文字或画面的形式播出类似今天公益广告的节目。

中国电视公益广告的发轫期（1986—1993），其标志是 1986 年贵阳市节水办公室和贵阳电视台联合发布《节约用水》公益广告。这是中国第一条经过专业化创作的电视公益广告，标志着中国现代意义上的公益广告的诞生。

中国电视公益广告的成长期（1994—2000），这一时期公益广告的特点是主体多元化、主题系列化、组织规模化、融资多样化、刊播标准化等。

中国电视公益广告的提速期（ 2001—现在），这一阶段的特点是①政府和相关部门的组织管理力度加强；②媒体搭台，企业唱戏；③电视公益广告大赛如火如荼地进行；④电视新闻栏目插播公益广告。①

本书参考了以上几类公益广告的分期法，将公益广告三十多年的发展分为 5 个阶段：

第一阶段：1978—1986 年，中国公益广告发展的孕育期。其标志是 1978 年中央电视台开始以文字或画面的形式播出类似今天公益广告的节目。

第二阶段：1986—1996 年，中国公益广告事业的发轫期。其标志是 1986 年贵阳市节水办公室和贵阳电视台联合发布《节约用水》公益广告。这是中国第一条经过专业化创作的电视公益广告，标志着中国现代意义上的公益广告的诞生。

第三阶段：1996—2000 年，中国公益广告事业的初步繁荣期。其标志是 1996 年 6 月 8 日国家工商管理总局发起的第一次全国性公益广告活动“中华好风尚”，活动取得了圆满成功。

第四阶段：2000—2008 年，中国公益广告事业的稳定繁荣期。其标志是国家机构主导的大型公益广告活动告一段落，公益广告的繁荣和发展由国家公共管理机构再次转入媒体阵营。在媒体的主导策划下，“媒体搭台，企业唱戏”，众多企业加入公益广告传播的阵营。

---

① 陈辉兴. 中国电视公益广告三十年 [J]. 传媒观察，2008（8）：17−18.

第五阶段：2008年—今天，中国公益广告发展的转折与飞跃期。其标志是2008年5月12日汶川大地震后公益广告的大繁荣和发展。

2. 中国公益广告发展的孕育期：1978—1986年

1978年，随着改革的先声临近，我国出现了电视公益广告的萌芽。“我国最早的电视公益广告萌芽当属1978年中央电视台开播的类似今天公益广告的教育性节目”①，但是形式上它仍然延续了新中国成立以后“标语口号”的表现形式，缺乏创意和艺术化设计，传播效果并不理想。20世纪80年代初，公益广告的表现有了进一步的发展，政府宣传部门开始在电视、报纸、路牌、墙体广告等载体上发布计划生育、环境保护、交通安全等题材的宣传广告。比如“计划生育是一项基本国策”“宁停三分不抢一秒”“谁烧山，谁坐牢!”“学习张海迪，做有理想、有道德、有文化、守纪律的共产主义新人!”“浪费可耻、节约光荣”“打击违法犯罪，维护社会治安”等。这些标语广告既宣传国家政策，也涉及民众公共生活，虽然是公益广告与公益宣传相混杂，但是它仍然可以说是宽泛意义上的公益广告了。

对于刚刚恢复广告业的中国社会来说，广告业整体发展水平的落后使得早期的公益广告普遍缺乏创意。能拥有公益意识，并通过大众媒体对公益观念进行传播已经难能可贵了。对于还处于萌芽和孕育期的公益广告而言，“创意”就是“语言信息+艺术装饰”，而且很多广告语比较呆板，说教性强，缺乏针对性，有些甚至显得很极端。直到20世纪80年代中期，“创意策略”用在广告制作中，才有了现代公益广告史上第一条真正的电视公益广告。

3. 中国公益广告事业发展的发轫期：1986—1996年

这十年是中国公益广告刊播标准化的重要阶段。1986年，贵阳市节水办公室和贵阳电视台联合发布《节约用水》公益广告。这是中国第一条经过专业化创作的电视公益广告，标志着中国现代意义上的公益广告的诞生。这条公益广告与以前的标语式口号有着根本的不同，是真正经过专业制作的第一条电视公益广告，也第一次登上中国当时传播面最广的电视荧屏，产生了令人意想不到的影响。公益广告《节约用水》播出后，当年（1986）第四季度，贵阳市全市自来水消耗量就比上年同期减少47万吨，可见公益广告的

---

① 陈洪波. 扫描中国公益广告发展三十年［J］. 新闻爱好者（理论版），2008（10）：52.

威力。[①] 从此，公益广告成为一项社会公共事业，受到政府、媒体、社会各界的充分关注，正式进入人们的视野。具有社会最敏感神经的媒体，第一次感受到了公益广告传播对社会生活的重要性。1987 年 10 月 26 日，经过精心策划和准备的第一个电视公益广告栏目《广而告之》在央视第一套节目开播，它每天一次或两次，每次 60 秒或者 30 秒。对于这么短时间的公益广告单独开设栏目，其目的就是抓住受众的注意力，加强公益广告传播效果，由此可见公益广告相对于一般商业广告的重要性。对于《广而告之》的问世，苏联国家电台和美国之音认为，这标志着中国政府开始重视公益事业的宣传。[②] 1989 年，中央电视台面向全社会征集公益广告稿件，在极短的时间内，就收到了来自二十多个省市的 1700 多份稿件[③]，这说明作为一项公益事业，公益广告有着非常广泛的公众基础，自然也受到了大多数广告制作人的关注。

《广而告之》既是广告发展史上第一个公益广告栏目，也是迄今持续时间最长的公益广告栏目，甚至可以说，中国电视公益广告的历史有一半是《广而告之》的发展史。王云、冯亦驰认为《广而告之》为中国公益广告在人才和受众方面奠定了基础，作为公益广告传播的榜样，带动了大众传媒和广告业积极投身于公益广告事业，同时也开启了 1996 年"中华好风尚"全国性公益广告活动的大门，为公益广告的第一次繁荣打下了基础。[④] 自《广而告之》开播后，各地方电视台掀起了一股电视媒体播出公益广告节目的热潮。1988 年 7 月至 1994 年 10 月之间，北京、上海、江苏、湖南、河南、山东、安徽等省级电视台都相继开办了公益广告栏目。其中，北京电视台《广角镜》、安徽电视台《广而告之》、湖南电视台《公益广告》、四川电视台《公益广告》等栏目成为中国电视媒介推出的最早一批公益广告栏目。截至 1995 年 11 月中国已有 27 家二级电视台拥有了类似的栏目。[⑤] 可以说，正是由于《广而告之》的引导，中国公益广告第一次进入一个刊播标准化的时期，经过电视等主流媒体的努力，公益广告开始走进社会生活的方方面面。

正是由于《广而告之》巨大的社会影响力，1993 年开始，有大企业以承担广告制作费的方式加盟《广而告之》，既传播了公益理念，也大大提升

---

① 陈洪波．扫描中国公益广告发展三十年［J］．新闻爱好者（理论版），2008（10）：53.

② 王云，冯亦驰．公益广告十五年［J］．新闻大学，2003（夏）：76.

③ 丁俊杰．现代广告活动理论与操作［M］．北京：中国三峡出版社，1996：95.

④ 王云，冯亦驰．《广而告之》在中国公益广告史上的意义［J］．新闻大学，2000（秋）：104.

⑤ 王云，冯亦驰．公益广告十五年［J］．新闻大学，2003（夏）：76.

了其企业的知名度，间接获取了巨大的商业利益。

4. 中国公益广告事业的初步繁荣期：1996—2000 年

这一时期的中国公益广告，以国家工商总局开展的“中华好风尚”等全国性公益活动为主角，进入了第一个繁荣时期。其主要特点是组织规模化、主题系列化、资金渠道多样化。

由于《广而告之》在全国产生的广泛影响，引起了当时全国人大常委会副委员长陈慕华（也是当时中广协名誉会长）、工商总局局长王众孚等人的重视，一场规模化的全国性公益广告生产呼之欲出。1996 年 6 月 18 日，国家工商总局发出《关于开展“中华好风尚”主题公益广告月活动的通知》，动员各地广告主体、专业广告公司、各省媒体等，共同参与“中华好风尚”主题公益广告制作和发布，并集中安排一个月作为“公益广告月”播出该主题性公益广告。这是中国公益广告史上第一个由国家行政管理部门组织开展的大规模公益广告活动。

1996 年 9 月 1 日至 10 月 1 日，“中华好风尚”活动如期在中华大地上如火如荼地开展。广告月期间，全国电视公益广告平均每天播送 2000 条次，广播广告 2000 条次，报刊广告 350 余条次。在这次活动中，全国共制作发布各类公益广告16 860件，其中电视广告 4582 条，播放137 460次；广播广告 2749 条，播放82 470次；报刊广告 4123 条，户外广告 5406 条，招贴广告 50 多万张。这是中国公益广告史上空前的壮举。[①] 1996 年 12 月，国家工商总局还为“中华好风尚”主题公益广告月活动举行了颁奖大会，表彰了一批优秀的公益广告作品。

“中华好风尚”公益广告活动的巨大成功和影响，使得全国性的公益广告活动有了继续发展的动力。1997 年 4 月 11 日，国家工商总局又发出《关于开展“自强创辉煌”主题公益广告活动月的通知》，在原有主题性公益广告活动的基础上又着重强调了活动的时代性，并与香港回归、党的十五大等重大事件联系起来。同年 8 月 11 日，中宣部、国家工商总局、广电部和国家新闻出版署联合发布了《关于做好公益广告宣传的通知》，规定电视媒体在 19：00 至 20：00 黄金时段，每套节目发布公益广告的时间应不少于商业广告的 3%。政府的这一强势主导，为“自强创辉煌”的公益广告活动又添影响，直接推动了公益广告事业的快速发展。

---

① 王云，冯亦驰. 公益广告十五年 [J]. 新闻大学，2003（夏）：78.

1997年9月1日至30日，“自强创辉煌”活动如期举行。广告月期间，平均每天发布电视公益广告5000余条次，广播公益广告近4000条次，报刊公益广告近200条次。在这次活动中，全国共制作发布各类公益广告24 155条。其中影视广告6548条，播放158 544次；广播广告3921条，播放117 630次，报刊广告5961条，户外广告725条，另外还印制了100多万张招贴广告。① 这是迄今规模最大的一次公益广告活动，在“中华好风尚”活动的基础上，进一步推动了公益广告事业的发展。公益广告事业也从此真正步入了初步繁荣时期。

除了由政府机构倡导的“中华好风尚”和“自强创辉煌”等全国性大型公益广告活动外，其他的公益广告传播也进一步活跃起来。1996年以后，为配合全国性公益广告活动，《广而告之》也不断扩容，加大传播力度。至1998年7月1日《广而告之》每天的播出段位已增加至16个，总播出时间达20分钟，它们分布在第一、第二、第三、第四、第七和第八套节目中，此外央视广告部还在其他时段插播《广而告之》。此后，中央电视台成为公益广告传播的一个主要阵地，先后开展了“下岗职工再就业”（1998）、“抗洪救灾”（1998）、“知识改变命运”（1999）、“环境保护”（1999）、“树立新风尚，迈向新世纪”（1999）等一系列主题活动，使电视公益广告进一步繁荣。同时，也正是从这一个阶段开始，在政府机构和中央电视台等主流媒体的组织和倡导下，公益广告发展进入了一个组织规模化、主题系列化、资金渠道多样化的时期。

在这些公益广告活动中，1999年由李嘉诚基金会和中央电视台共同发起的、国内著名导演张艺谋执导的“知识改变命运”系列公益广告，第一次有了基金会的参与，让我们看到了独立于政府与市场以外的公益广告主体的身影。

5. 中国公益广告事业的稳定繁荣期：2000—2008年

2000—2008年是我国公益广告稳定发展、繁荣有序的时期。这一时期的公益广告在全国性公益广告活动的基础上，在《广而告之》的长期铺垫和努力下，专业创作水平大大提高，公众的参与热情也更加高涨，作为传播现代文明和思想道德建设的重要手段，公益广告也在政府和媒体层面得到了前所未有的重视。播出形式更加多样化，同时也出现了不同于以往的一些新

① 王云，冯亦驰．公益广告十五年［J］．新闻大学，2003（夏）：77．

特点。

2001年2月，中央电视台成立了专门的思想道德公益广告实施办公室，专项落实公益广告工作，组织公益广告创作和播出，同时也参加各项专业评比。此后的两年间，很多公益广告的精品佳作在各项专业评比中屡获金银大奖。如《将爱心传递下去》（洗脚篇）荣获第二十届中国电视金鹰奖最佳创意奖；在国际广告大赛AD盛典中，《将爱心传递下去》（洗脚篇）《共同的力量》获得金奖，《拍卖会》获得银奖，《升旗篇》《中国精神之梅篇》获得铜奖；《可口可乐罐篇》获得第九届中国广告节金奖；《爱心传递》《常回家看看》获得第十七届全国电视文艺星光奖公益广告类唯一金奖。

这一阶段比较重要的公益广告播出活动主要有如下系列：

思想道德公益广告系列。2001年，中宣部、中央文明办、国家工商总局、国家广电总局等几大部委与中央电视台联合举办了“全国思想道德公益广告大赛”，中央电视台组织了76家广告公司参与思想道德公益广告的制作工作。从2001年11月1日起每天在《新闻联播》前的这段时间播出思想道德公益广告，这是为了配合《公民道德实施纲要》的推出而采取的重要措施。播出的公益广告有《共同的力量》《同升一面旗，共爱一个家》《将爱心传递下去》（洗脚篇）《爱我中华，再创辉煌》等，每条长度在30秒到60秒之间，在中央电视台11个频道中播出，每天播出不少于22次。

首届电视公益广告大赛。2002年中央文明办与国家工商总局、团中央、中央电视台共同举办了首届电视公益广告大赛作品征集活动。这些机构在很大程度上起到了龙头作用，有力地带动了全国的公益广告活动。

“希望工程助学行动”系列。2002年，中国青少年发展基金会、中央电视台《广而告之》栏目组联合拍摄制作了“希望工程助学行动”电视公益广告。广告播出后众多爱心人士踊跃捐款，推动了希望工程助学活动的开展，让更多的贫困孩子从中受益。

抗击“非典”系列。2003年，我国遭遇了突如其来的“非典”疫情。在全国人民顽强抗击“非典”的战斗中，中央电视台在新闻报道和专题节目之外，还开辟了一个特别的抗击“非典”的第二战场：公益广告。从当年4月下旬开始，中央电视台联合企业、广告公司迅速行动，推出近20个抗击“非典”公益广告片，在各频道持续播放。中央电视为此投入了300万元制作费，用以播放这些公益广告的时段价值总额更是超过2亿元之巨。

“节约创造价值”系列。2005年7月盛夏时节，许多城市出现了水电供应紧张的局面。针对这一突然出现的具体问题，中央电视台推出了“节约创造价值”系列公益广告，包括《省电篇》《政府大有可为篇》《变废为宝篇》《价值对比篇》《拍卖最后一杯水、一瓶空气——保护环境，节约资源》《节约资源，健康生活》等。“全国空调每调低一度，一年将节约数十亿度电”等巧妙艺术的表达方式，给人们带来了强烈的思想冲击，增强节约资源的意识，创造节约型的社会。

“国酒茅台杯”系列。2006 年，由国家工商总局、贵州省工商局主办的“国酒茅台杯”中华好风尚电视公益广告大赛举行，全国各省市近 30 家媒体踊跃参加；2008 年，第十五届中国国际广告节“国酒茅台杯”中国公益广告黄河奖也吸引了全国媒体、广告公司的广泛参与，社会影响巨大。

“走进新农村，建设新农村”系列。2005 年 10 月，党的十六届五中全会提出了“建设社会主义新农村”的重大历史任务。2007 年 8 月，随着新农村建设如火如荼的进行，中央电视台制作了以“走进新农村，建设新农村”为主题的公益广告，并高频次播出。“走进新农村，建设新农村”公益广告生动描绘了和谐、美好的中国农村，向观众展现了一幅连贯的中国社会主义新农村的美好画卷，一股新农村建设的风尚溢满荧幕。

奥运公益广告系列。2007 年，中央电视台开始播出奥运系列公益广告片。主要包括阐释“同一个世界，同一个梦想”等主题，以及倡导国人讲究公共道德，提升文明意识的“迎奥运　讲文明　树新风”系列，其中《婴儿篇》等公益广告引起了巨大的反响，深入人心。

这个阶段公益广告领域出现了不同于以往的一个亮点，就是公益广告与新闻栏目进行组合播出，在新闻栏目中插播电视公益广告。尤其是在某些重大公共事件上，新闻内容与公益广告的内容形成呼应，进一步加强了公益广告的感染力，强化了传播效果。比如 2003 年 4 月中旬，中央电视台《新闻联播》播出以“弘扬民族精神，共同抗击‘非典’”为主题的公益广告。当年 5 月初，中央电视台《新闻联播》又相继推出向坚守在抗击“非典”一线的广大工作者致敬以及教育人民讲究个人卫生、依靠科学战胜“非典”的公益广告。2004 年 4 月 1 日，中央电视台《新闻联播》播放了一条由青岛模范工人许振超亲自出演的公益广告《劳动创造人生价值》，时长 1 分钟。2007 年 3 月 5 日，“迎奥运　讲文明　树新风”系列公益广告《婴儿篇》在中央电视台《新闻联播》栏目中播出，将人类生命最初的梦想与奥运精神“更高、更快、更强”的追求相融合，阐述了北京奥运的主题“同一个世界，同一个梦想”。2007 年 5 月 16 日，中央电视台《新闻联播》完整播出濮存昕主演的长达 2 分钟的“迎奥运　讲文明　树新风”系列公益广告《相信篇》，以真挚感人的话语，唤起人们内心的公德意识和行动信心，阐释了“公益广告也是一盏灯”的核心理念。

这一阶段的公益广告传播，除了电视、报纸、广播等传统主流媒体，播出媒体和形式更加多样化。随着中国网民数量呈几何基数式增长，随着“闪客”和“播客”的大量出现，网络上各类公益广告视频的制作和传播也逐渐火爆起来，一类是传统主流媒体的公益广告通过网络平台继续传播，一类是网民以及各类机构制作的公益广告通过网络平台进行传播。因此，中国公益广告的类别中，除了影视公益广告、报纸杂志等平面公益广告、广播公益广告、户外公益广告以外，又增加了动画公益广告和网络公益广告。

6．中国公益广告发展的转折与飞跃期：2008 年至今

2008 年是公益广告历史发展的一个转折点。其关键性的转折在于公益广告传播主体的多元化。如果没有“5·12”汶川大地震这一举国悲痛的重大突发灾难，如果没有高度发达的互联网传播平台，公益广告也许仍将像前一阶段一样，一如既往地在政府机构和媒体主导下继续繁荣下去。

这一个阶段才刚刚开始，还远远没有结束，但是汶川大地震所引起的社会公益力量的爆发，给公益广告的发展带来了全新的面貌。这将是公益广告脱离传统广告的发展范畴，全面融入公益传播平台、发挥更大更深远影响的时期。这必将是公益广告发展的一个飞跃，这个飞跃的根源在于 2008 年由汶川地震等几个重大事件所带来的变化。2008 年 3 月，在公益广告创新意识的推动下，中央电视台广告部推出节日、节气主题系列公益广告，以月为单位，每月制作一条主题公益广告，先后陆续推出了“植树节”“清明节”“五一劳动节”等节日公益广告，旨在弘扬中华民族传统文化。2008 年 5 月 12 日的大地震，打破了全年的平静。汶川大地震发生后，中央电视台和四川电视台等主流电视媒体，四川当地的《华西都市报》《成都商报》等主流报纸在第一时间随着新闻报道的进展推出了公益广告。中央电视台广告部在 5 月 13 日就开始组织创作，14 日就播出了第一支公益广告《到达篇》，接着又在 5、6 月陆续播出了《悲情篇》《短信篇》《牵手篇》《凝聚篇》《敬礼篇》《积木篇》《心电图篇》7 条公益广告，用媒体的力量凝聚人心，鼓舞中国人民战胜困难、重建家园。与此同时，网络公益广告也大量出现。当然，一部分网络公益广告传播的是电视公益广告，网络只是另一个传播载体，一部分是网民、企业、公司和社会组织机构自己制作的公益广告，通过网络平台进行发布，值得注意的是，与电视和平面媒体公益广告的制作精良不同，网络公益广告显得比较简单和粗糙，有些是网民的动画制作，有

些仅仅是视频的剪辑加上公益广告的语言，但是就算是这些最生态、最简单的公益广告，却和电视公益广告一样，具有震撼人心的力量，让无数网友热泪盈眶。正是这些公益广告，和新闻报道一起，起到了凝聚民族情感、整合社会力量、进行社会动员、引领实际行动进行抗震救灾的巨大作用。

因此，2008 年给公益广告带来的是全社会参与公益广告的创作与传播。除了政府机构、主流媒体，企业、公民个体、基金会、民间社团组织、慈善组织等也都参与到公益广告的创作与传播中来。而网络，成了继电视媒体之后公益广告传播的又一个主要平台。

公益广告的功能也正在逐步扩大和突显。除了在汶川地震中的“社会整合功能”以及震后的“危机公关”以外，公益广告的“社会舆论监督功能”也进一步凸显。2009 年 4 月 29 日，一场以“扬正气，促和谐”为主题的全国优秀廉政公益广告展播活动开始在全国范围内开展，《人民日报》《光明日报》《经济日报》《新华每日电讯》《中国纪检监察报》《中国监察》杂志等均在重要版面相继刊出《母亲的心愿——走好每一步》《清廉天下　户户悬鱼》等 12 条平面类廉政公益广告。中央人民广播电台分别在中国之声、经济之声、都市之声、文艺之声等频道循环播出《留下廉洁之名》《金钱的思考者》等 17 条广播类廉政公益广告。新华网、人民网、央视网、中国广播网等网站都在首页开设了展播活动专栏，进行集中展播。地方各级党报、晚报、都市报，广播电台，北京卫视、广东卫视等电视台也同步开展“扬正气，促和谐”全国优秀廉政公益广告展播活动。北京地铁、移动电视、城市电视、数字电视等各类户外传媒也积极开展廉政公益广告展播。[①] 这说明，公益广告的舆论监督功能将在一个更加公开、透明的社会中得到进一步凸显。

对于这一个还没有结束的阶段来说，公益广告发展的根本转折在于传播主体的多元化，尤其是公众的参与，为公益广告的发展带来了全新的发展期待和飞跃的可能，从传播效果和功能上来说，公益广告的“社会整合功能”和“危机公关功能”以及“舆论监督功能”也在实践中得到了全新的拓展，公益广告正面临一个更为广阔的发展空间，一个真正的公益传播时代可能就在我们面前。

---

① 李亚杰. 中央和地方主要新闻媒体义务刊播廉政公益广告反响热烈［J］. 精神文明导刊，2009（12）：20.

第二节　中国公益广告发展基本面分析

三十年的公益广告发展历程，隐藏在风云变幻的中国传媒三十年发展历程中。这既是中国传媒业的发展，也是中国逐步走入现代社会、逐步现代化的历程。中国的传媒体制在一个相对稳定的国家体制中走出来，尚且还在不稳定、不确定的发展阶段，对于公益广告而言，就更是如此。尽管市场化为传媒发展注入了足够的活力，提供了足够的空间，极大地激发了传播活力，但是任何理想化的全能政府状态和理想化的市场化状态都是不存在的。也许在民间公益力量逐渐兴起和发展的过程中，公益广告可找到一个更为广阔的发展道路。

我们需要对公益广告发展的基本层面进行简要的概括和分析，以更好地把握公益广告既有的运行模式，展望今后公益广告的发展方向。这些与运行模式相关的基本面包括公益广告的生产、制作、发布，以及遴选、评奖、相关法规和政策的发布执行，甚至公益广告的表现形式等，从各个不同侧面表征着现有公益广告的基本运行模式，暗示着公益广告发展的未来走向。以下先从公益广告最基本的表现形式入手进行阐述。

1. 公益广告表现形式：传播权力的表征

麦克卢汉认为“媒介即讯息”，对于传播史来说，媒介形式甚至比媒介内容本身传达了更多的社会信息，诸如社会的思维方式、沟通渠道和手段等，而我们往往都身处大量的信息之中而没有觉察到媒介形式对我们的决定性影响，就像一百多年前的报纸之于19世纪末的人们，五十多年前的电视之于当时的人们，现在的互联网之于现代信息社会。就我国的公益广告而言，由于现代公益广告兴起的时间本来就比较晚，似乎表现形式对其并无特殊意义。一切都更像是发展中的自然而然。可如果我们仔细考察公益广告表现形式之间的关系，就会发现事实也许并非如此。

(1) 电视、广播、报刊公益广告等主流媒体占据主导地位。

毫无疑问，电视公益广告是现代公益广告发展史上最重要的一个组成部分。从播出和制作的数量、质量、成熟程度等来说，都是引人注目的。以至于从业者和研究者在讨论公益广告时，似乎理所当然地主要指向电视公益广告。这当然与电视长期以来作为我国的第一大主流媒体有着莫大的关系。最早出现的公益广告是电视广告《节约用水》，最早的一个公益广告栏目也是中央电视台的《广而告之》。其他广播、报刊媒体的公益广告传播都是在电视公益广告影响下逐渐普及和发展起来的。

20 世纪 80、90 年代相交之际，受《广而告之》的影响，广播公益广告开始出现。最早是广东、吉林等省级广播媒介和广西梧州、吉林延边等地市级广播媒介先后播送公益广告。

1996 年 9 月 1 日至 10 月 1 日“ 中华好风尚”活动期间，全国电视公益广告平均每天播送达 2000 条次。在这次活动中，全国共制作发布各类公益广告 16 860条。其中电视广告 4582 条，占总数量的 1/4 以上，总播出次数也达到 137 460次。相比之下，广告月期间每天播送广播广告 2000 余条次，发布报刊广告 350 余条次。在全国共制作发布的16 860件各类公益广告中，广播广告 2749 条，播放82 470次，报刊广告 4123 条，户外广告 5406 条，招贴广告 50 多万张。1997 年 9 月 1 日至 30 日“自强创辉煌”活动期间，电视公益广告平均每天发布 5000 余条次，广播公益广告近 4000 条次，报刊公益广告近 200 条次。在这次活动中，全国共制作发布各类公益广告24 155件。其中影视广告 6548 条，播放158 544次，广播广告 3921 条，播放117 630次，报刊广告 5961 条，户外广告 725 条，另外还印制了 100 多万张招贴广告。①

从这个基本数据可以看出，电视公益广告在公益广告中占据主导地位，其次分别是报刊公益广告和广播公益广告，再次是户外公益广告和招贴公益广告。

这仅仅是在公益广告活动月期间。在日常的公益广告传播中，电视、广播、报刊三大媒体也是公益广告发布的主要载体，能够流传下来的公益广告，也以电视公益广告和报刊公益广告为主。

这似乎是一个自然而然的现象。然后背后隐藏的事实是，掌握电视、广播和报刊等主流媒体的权力主体是党政职能机构，它们管理下的主流媒体进行公益广告的发布。因此，传播介质的选择背后隐藏着政府对传播权力的影响，这在很大程度上说明我国公益广告采用的是政府主导型模式。

（2）户外、海报、招贴等是公益广告更贴近公众生活的媒体形式。

户外媒介和招贴可以说天生就具有公益宣传功能。新中国成立后大量的标语和招贴海报就可以说明这一点。只是这些更多是政策宣传，不是严格意义上的公益广告，但是户外媒介和招贴广告等公益传播功能从来就没有丧失掉。“从 1988 年起《中国广告》等广告报刊开始登国内各类公益主题的优秀招贴或

---

① 王云，冯亦驰. 公益广告十五年［J］. 新闻大学，2003（夏）：77.

海报的图样，这说明过去主要承担政治宣传和传播文娱活动信息任务的招贴或海报开始淡入公益广告领域，户外媒介本来就具有的公益宣传的功能也因此而有所强化。”①

在1996年“中华好风尚”和1997年“自强创辉煌”活动期间，户外和招贴广告就已经成为公益广告的重要传播形式之一。1996年“中华好风尚”的户外广告多达5406条，招贴广告50多万张；1997年的户外广告只有725条，但却印制了100多万张招贴广告。1997年4月中国民航总局决定在全国45个大中型机场设置大型公益广告牌，进一步强调了户外媒介公益传播的作用。

事实上，从受众的角度来说，户外和招贴反而是更贴近公众生活的公益传播形式。它们真正进入公众的生活环境，比电视、报刊创造的拟态环境更加真实可感。但是在公益广告整体的传播结构中，这些传播形式始终处于相对边缘的状态。这是由于在早期的传媒发展过程中，户外、招贴等都并非传播主流媒体，因而较少受到政府机构的重视。若干年后，正是这些原来未受到政府充分重视的深入街道、社区的“非主流”媒体，成为实现公益传播的一个重要平台。

（3）新媒体兴起后，电影、手机电视、户外LED、车载电视、楼宇电视等公益广告媒体，都可以视为传统电视媒体的变形和延伸。

随着新媒体的不断开发，以及传统媒体在媒介融合过程中出现的新媒体形式，公益广告的传播载体也开始多样化。由于视听公益广告的接受优势，公益广告在新型视听媒体上的发展也比较迅速。电影、手机电视、火车站、城市广场的户外LED屏幕、楼宇电视、汽车火车的车载电视等，都成为公益广告的宣传载体，公益广告也进一步深入公众生活，影响着公众的生活与价值观念。

这些视听媒体，如果要与其他媒体进行区分和分类的话，仍然可以视作传统电视媒体的变形和延伸，是传统电视媒体在不同地点、不同载体上的继续深入。

（4）网络是公益广告发展过程中最重要的传播平台，网站、社区、论坛、QQ群、微博等是公益广告传播的重要新媒体。

网络已经不能视为一个单纯的媒体，而更像是一个搭载着众多媒体形式的传播平台。门户网站、专业网站、QQ群、论坛、博客、微博、网络游戏等，任何一个都可能是公益广告的传播媒体。新浪、搜狐、腾讯等知名网站都开通了公益频道，不仅传播公益广告，更大量组织和参与公益活动，整合社会力

① 王云，冯亦驰．公益广告十五年［J］．新闻大学，2003（夏）：77．

量，进行公益实践。尤其是微博等自媒体平台的出现，进一步推动了公益广告的繁荣与普及，个人进行公益广告的传播、转发、关注等活动变得日益便捷，影响范围日渐扩大。在公益广告发展史上，网络造就了公益广告传播的又一次飞跃，网络所提供的公益传播平台为公益广告拓展了无限的个人和群体传播空间，为公益广告提供了新的发展可能。

2. 公益广告创作征集活动及评奖

大型公益广告活动和评奖是吸引社会关注、推进公益广告发展的一种重要手段。其创作评奖分为两大类，一类是相对固定的常规性评奖，另一类是不定期的活动类评奖。就我国公益广告的发展历史来看，公益广告长期纳入广告的研究和发展范畴，有关公益广告的常规性评奖主要是在各类广告奖项中分设公益广告奖项，常见的有电视广告“印象奖”、全国优秀广告作品展（简称“全广展”）以及各界广告节上的公益广告单项评奖。不定期的活动类奖项则视活动的举办而定，时间、活动范围都不完全固定，而公益广告活动的举办又与公共机构的重视程度、行业协会的推动、重大社会事件的激发等因素有重大关系，因此具有不确定性。

公益广告的创作征集和评奖活动，是公益广告运行模式的一个重要部分。这主要涉及公益广告传播活动的发起主体、评价机制、社会重视程度等内容。我国公益广告的创作征集和评奖活动时间不长，20 世纪 80 年代后期才开始有大型的公益广告奖项（主要情况见表 3-1）。

表 3-1　公益广告主要评奖活动（部分）

时间	奖项	奖项性质	公益广告奖名称	主办及评奖单位	获奖公益广告作品数量
1989—2006 年	全国电视广告“印象奖”	专门性奖项	公共广告奖	中国电视艺术委员会、中国广告协会电视委员会	—
1990 年	第四届全国电视广告印象奖	专门性奖项	公共广告奖	中国电视艺术委员会、中国广告协会电视委员会	6
1996 年	“中华好风尚”公益广告月评选颁奖	公益广告专门性活动奖项	公益广告政府奖	国家工商总局、中央电视台广告部	101

续表3-1

时间	奖项	奖项性质	公益广告奖名称	主办及评奖单位	获奖公益广告作品数量
1997年	"自强创辉煌"公益广告月评选活动	主题公益广告月活动奖项	首次特设公益广告政府奖	国家工商总局、中央电视台广告部	110
1997年	第九届全国电视广告印象奖（大连）	专门性奖项	公益广告奖	中国电视艺术委员会、中国广告协会电视委员会	37（第一次超过获奖的商业广告数量，获奖商业广告仅21件）
1997年	97广告节暨全国第五届优秀广告作品展	综合性奖项	最佳公益广告奖	中国广告协会	12
2004年	全国环境保护公益广告大赛	专门性奖项	—	国家环境保护总局、联达广告、新浪网	入围作品100件，优秀作品50件，铜奖15件，银奖3件，金奖1件
2005年	全国首届反腐倡廉公益广告大赛	专门性奖项	—	中纪委宣教室与中纪委监察部电教中心	422件作品分别获得金、银、铜奖，752件作品获优秀奖
2006年	"国酒茅台杯"中华好风尚电视公益广告大赛	专门性奖项	—	贵州省工商局	36
2008年	第十五届、第十六届、第十七届中国国际广告节"国酒茅台杯"中国公益广告黄河奖	专门性奖项	公益广告黄河奖	中国广告协会、茅台集团	—

续表3－1

时间	奖项	奖项性质	公益广告奖名称	主办及评奖单位	获奖公益广告作品数量
1982年至今	第一至第二十一届中国国际广告节	综合性奖项	—	中国广告协会	—
2008年	第二十届电视文艺“星光奖”	专门性奖项	广播电视节目奖	中国电视艺术委员会主办，上海文广新闻传媒集团承办	“迎奥运　讲文明　树新风”系列公益广告
2008年	第二十四次全国优秀广播广告作品评选	专门性奖项	广播广告奖	中国广告协会广播委员会	公益广告一等奖17件，二等奖29件，三等奖35件

从表3－1主要奖项情况并综合公益广告的获奖作品，我们发现公益广告的创作征集和评奖活动有以下四个特点：

一是常规性奖项中，公益广告奖项从来都是分列于其他奖项名下，作为分支奖项而存在，说明我国公益广告无论从实践还是理论评价上，都是作为“广告”的一个分支而存在，这大大限制了公益广告的发展空间。

二是公益广告的奖项名称经历了从“公共广告奖”到“公益广告奖”的转变，也反映了我国对公益广告内涵研究的演进和深入。从“公共广告奖”到“公益广告奖”，再从“公益广告荣誉奖”到“最佳公益广告奖”，这其中的微妙变化或多或少反映了公益广告事业本身的变化，以及公益广告为广告界甚至全社会认可程度的变化。①

三是公益广告的评奖主要集中在电视公益广告上，其他媒体形式的公益广告作品比较少。这与公益广告兴起后电视作为我国第一主流媒体有关，电视受到的关注度最高，在公益广告传播上做出了重要贡献，其评奖制度也相对比较成熟。

四是获奖公益广告从数量上来说仍然相对较少。据朱健强《改革开放30年电视公益广告主题回眸》一文统计，第一届至第十二届全国广告优秀作品展和1996到2005年度全国公益广告活动全部获奖电视公益广告共计256条。其

① 王云，冯亦驰．公益广告十五年［J］．新闻大学，2003（夏）：78．

中公共道德规范类占24.8%，比重最大。自然环境类占16.6%，政治政策类占14.3%，关爱生命健康类占13.6%，公共价值取向占10.5%，科学教育事业占9.7%，社会热点问题占6.9%，其他公益事业占3.6%。① 从内容上看，各类主题上的总体分布基本均匀，但大部分获奖作品都与政府倡导的公共道德、政治政策有关，其他类型的相对较少，体现出非常明显的导向性。当然，这也是中国公益广告发展的基本特征之一。

3. 公益广告法规及政策文件

法规与相关政策文件既代表着政府对公益广告的管理方式与价值认知，也在很大程度上决定了公益广告的运行模式。考察我国公益广告发展的历程，公益广告的相关法规和政策主要有如下一些内容：

相关法律法规。尽管公益广告在评奖活动中都作为广告的一个分支而存在，但我国关于公益广告的专门法律还不存在，1994年10月底出台的《广告法》以及修订后的《广告法》中所指的“广告”也是针对商业广告：“本法所称广告，是指商品经营者或者服务提供者承担费用，通过一定媒介和形式直接或者间接地介绍自己所推销的商品或者所提供的服务的商业广告。”因此，《广告法》中并没有与公益广告相关的规定。

针对公益广告而制定的相关规章制度和指导意见。我国第一份比较正式的公益广告规定是1997年出台的《关于做好公益广告宣传的通知》，这是由中宣部、中央文明办、国家工商总局等部门联合发出的第一份公益广告发展的指导意见。1999年，中宣部等部门又联合发出《关于进一步做好公益广告宣传的通知》，该通知明确要求把公益广告作为促进社会主义精神文明建设的一项重要工作来做，规定广播、电视、报纸、期刊等媒介发布公益广告的时间和版面，应当不少于全年发布商业广告时间或版面的3%；电视媒介在晚上七点至晚上九点时段每套节目发布公益广告的时间，应当不少于该时段发布商业广告时间的3%。同年3月，中国广告协会发出了《关于继续做好公益广告工作的通知》；2002年，中宣部、中央文明办、工商总局、广电总局、新闻出版总署联合发出《关于进一步做好公益广告宣传的通知》。2003年年底，国家广电总局单独发出《广播电视广告播放管理暂行办法》，其中第十六条明确规定，广播电台、电视台每套节目中每天播放公益广告的数量不得少于广告总播出量的3%。该规定明确了公益广告播出的具体比例，对广电传播实践起到了实际指

① 朱健强. 改革开放30年电视公益广告主题回眸［J］. 中国广播电视学刊，2009（1）：49.

导作用。2004 年 5 月 9 日，国家广电总局又发出《关于加强制作和播放广播电视公益广告工作的通知》，目的是“促进社会主义精神文明建设，大力弘扬中华民族的传统美德，树立广播电视良好形象”，该通知进一步强调了公益广告在社会价值塑造方面的重要性。

在中央级职能部门发出相关通知的同时，各地方政府也积极响应，出台了一些与公益广告相关的政策和规定，这主要集中在文明程度较高、经济较为发达的地区，如深圳、上海、大连等地。1997 年 12 月 10 日，深圳市工商行政管理局根据上级文件精神，结合该市的实际情况，提出了做好公益广告宣传的意见，向市各新闻单位、广告公司发出了《关于做好公益广告宣传的通知》。2001 年 10 月 8 日，大连市人民政府发布了《大连市公益广告管理规定》。该规定第一条强调“为加强公益广告管理，规范公益广告行为，促进社会主义精神文明建设，根据国家有关规定，制定本规定”。2008 年，上海市工商行政管理局出台《关于推动公益广告宣传、加强公益广告管理的指导意见》（简称《意见》），目的是要“进一步推动本市公益广告宣传、加强公益广告管理”。《意见》的正文分四个部分，共两千多字。此外还有 3 个附件，分别是《户外公益广告备案表》《公益广告发布情况备案表》《公益广告发布情况统计表》。①

从以上公益广告的相关法律法规、规章制度、政策指导意见等具体发布情况来看，我国公益广告的法规建设具有如下特点：

其一，有关公益广告甚至公益传播的相关法律欠完善。政府立法规范了市场传播行为，却没有规范和指导社会传播行为。

其二，有关公益广告的政策、指导意见政出多门，主体不明，没有一个固定的指导和管理单位。管理市场广告发布的工商总局，媒体管理单位广电总局、新闻出版署，中宣部、中央文明办以及中国广告协会等都参与了公益广告的相关政策制定和发布。

其三，相关政策和指导意见都强调公益广告在社会精神文明建设和传播传统美德和公共道德方面的作用，对公益广告的内涵规定得比较狭窄，因此，也忽略了公益广告的社会公共沟通本质。

所以，王首程在《我国公益广告法规建设现状评析》一文中认为，中国公益广告的法律法规建设应该从三个方面进行改进：一是公益广告的内涵需要进

---

① 王首程. 我国公益广告法规建设现状评析［J］. 深圳大学学报（人文社会科学版），2008（6）：123.

一步拓宽，二是主体规定需要进一步明确，三是激励手段需要进一步加强。[①]

第三节　中国公益广告事业运行的历史模式考察

一个好的运行模式，是决定一项事业成功与否的关键。公益广告在中国历史上存在了很长时间，但是公益广告真正作为一项公共事业的发展史，则要从1986年播出的第一则电视公益广告算起。因此，公益广告作为一项公共事业的发展史，迄今只有短短二十几年的时间。在公益广告成为现代社会的一项公益事业后，公益广告的运行模式，就成为公益广告发展必须解决的迫切问题。

本章开篇我们论述过，公益广告的运行模式中包括四个具有能动性的基本运行主体：广告活动行为发起者、广告制作者、广告发布和传播者、受众。在这四个基本运行主体中，受众是一个相对被动的因素，是广告传播的对象，是一个结果主体。而广告制作者一般都由专业广告公司担任，包括文案创意、视觉表现等。广告发布和传播者毫无疑问是各类广告媒体代理公司、主流媒体机构，以及后续兴起的自媒体，只是媒体形式有区别。作为广告活动行为的发起者，则在很大程度上主导了公益广告的整体运作流程，他们确定公益主题、筹集资金、委托广告公司进行专业制作（不论有偿还是无偿），委托媒体进行公益广告发布（不论有偿还是无偿）。因此，作为公益广告活动的发起者，基本上主导了公益广告的全部过程。发起者决定了公益广告传播采取何种运行模式，决定了公益广告传播出于何种目的，采用何种方式，针对哪些受众。

我国的公益广告传播可以根据传播性质分为几种类型：一是大型的公益广告活动及评奖，包括全国性、地方性各类政府公共机构举办的主题性公益广告征集和评奖活动；二是长期的常规性公益广告传播，主要是电视、报刊等各类主流媒体的常规性公益广告传播；三是重大事件、突发事件中的公益广告传播，在公益广告传播中也占据了一定的比重；四是高校、社团组织、社区等的传播，主要是利用户外、社区招贴、网络等非主流媒体。这些公益广告活动，采取的是何种运行模式呢？

1. 大型公益广告活动及评奖：政府主导型

我国真正的大型公益广告活动开始于1996年，既有全国范围的，也有地

① 王首程. 我国公益广告法规建设现状评析［J］. 深圳大学学报（人文社会科学版），2008（6）：125－126.

方性的，活动内容主要是确定某一传播主题，进行各类公益广告的征集、发布和评奖。大型公益广告活动绝大多数由政府机构主导，国家级或地方级媒体、企业参与。1996 年以来的主要公益广告活动如表 3－2 所列：

表 3－2　1996—2008 年全国性主要大型公益广告活动一览

时间	活动名称	发起主导组织（主办、承办）	组织性质	公益广告形式
1996 年	中华好风尚	国家工商总局	政府机构	电视、报刊、广播、招贴、户外
1997 年	自强创辉煌	国家工商总局	政府机构	电视、报刊、广播、招贴、户外
2001 年	全国思想道德公益广告征集比赛	中宣部、中央文明办、国家工商总局、国家广电总局、中央电视台	政府机构	电视、报刊、广播、招贴、户外
2002 年	CCTV 电视公益广告大赛	中央电视台	中央级媒体	影视、FLASH
2004 年	全国环境保护公益广告大赛	国家环境保护总局、联达广告、新浪网	政府机构、企业、新媒体	
2004 年	2004 中国 FLASH 公益广告大赛	中国广告协会电视委员会、中国视协广告艺术委员会主办，金长城国际广告有限公司承办	社团组织、企业	网络（首次通过网络的形式，大规模面向大众征集 FLASH 公益广告并设置大赛网站）
2005 年	第二届中国环保公益广告大赛	中宣部、全国人大环境与资源保护委员会、全国政协人口资源环境委员会、中国人民解放军环保绿化委员会、国家环境保护总局、国家广播电影电视总局、共青团中央	政府机构	影视广告、平面广告、网络广告、户外广告四类
2005 年	全国首届反腐倡廉公益广告大赛	中央纪委宣教室、中央纪委监察部电教中心	政府机构	电视、动画、平面、四格漫画、广告语
2006 年	茅台杯“中华好风尚”系列公益广告征集	国家工商总局、贵州省工商局	政府机构	电视、报刊、广播、招贴、户外

续表3-2

时间	活动名称	发起主导组织（主办、承办）	组织性质	公益广告形式
2006年	全国思想道德公益广告征集比赛	中宣部、中央文明办、国家工商总局、国家广电总局、新闻出版总署、中央电视台	政府机构	电视、报刊、广播、招贴、户外
2007—2008年	“迎奥运　讲文明　树新风”公益广告征集比赛	中央宣传部、中央文明办、国家工商总局、国家广电总局、新闻出版总署、北京奥组委、中央电视台	政府机构	电视、报刊、网络
2007—2008年1月	首届中国红十字公益广告展评	中国红十字会总会	社会组织	平面、电视、网络
2008年4月	“扬正气、促和谐”全国廉政公益广告创作展播评选	中央纪委、中央宣传部、国家工商总局、国家广电总局	政府机构	电视、报刊、网络
2009年	全国民族团结公益广告大赛	国家工商总局、中国广告协会主办、新疆维吾尔自治区党委宣传部、自治区工商局承办	政府机构、社团组织	330件作品入围，31件获奖作品
2009年	“让你的灵感触动全社会”公益广告大赛	航美传媒、美国野生救援协会	企业、国际社团组织	户外公益广告
2010年	首届中国电视“金鸽奖”公益广告大赛	黑龙江电视台、贵州电视台、甘肃广电总台主办，贵州天马广告公司承办	媒体机构	中国公益广告联播平台、优酷网、搜狐网、贵州便民网
2010年	第三届全国“人口·家庭·健康”公益广告征集大赛	国家人口计生委宣教司、中国人口宣教中心、全国公益广告创新研究基地	政府机构、科研机构	中央电视台、地方卫视，腾讯网、优酷网、鼎程传媒、中国生殖健康网、公交站台及车厢
2009年	“国酒茅台杯”中国公益广告黄河奖大赛	中国广告协会、贵州省工商行政管理局	社团组织、政府机构	影视、平面、广播、户外

表 3—3　部分地方性公益广告赛事

时间	活动名称	发起主导组织	承办、协办及参与单位	主办组织性质	传播媒体
2006—2007 年	深圳市第一届公益广告大赛	深圳市委宣传部、深圳市文明办、深圳市工商行政管理局、深圳市文化局	深圳广播电影电视集团、深圳报业集团	政府机构	平面、影视、广播
2007 年 9 月—2008 年 1 月	深圳市第二届公益广告大赛	深圳市委宣传部、深圳市文明办、深圳市工商行政管理局、深圳市文化局	深圳广播电影电视集团、深圳报业集团	政府机构	平面、影视、广播
2008 年 8 月—11 月	深圳市第三届公益广告大赛	深圳市委宣传部、深圳市文明办、深圳市工商行政管理局、深圳市文化局	深圳广播电影电视集团、深圳报业集团	政府机构	平面、影视、广播
2009 年	深圳市第四届公益广告大赛	深圳市委宣传部、深圳市文明办、深圳市市场监督管理局、深圳市文体旅游局	深圳广播电影电视集团、深圳报业集团、关山月美术馆	政府机构	平面、影视、广播
2007 年	“和谐之美”重庆首届公益广告大赛	重庆市委宣传部、市文明办、市市政管委、市工商局	华龙网、大渝网、天极网	政府机构	影视、广播、动漫、平面
2008 年 3—6 月	“贝因美杯”重庆市第二届公益广告大赛	市委宣传部、市文明办、市工商局	重庆广播电视集团、重庆日报、重庆晚报、重庆晨报、重庆商报、重庆时报、腾讯·大渝网	政府机构	影视、平面
2009 年 9 月	重庆市首届户外公益广告创意设计大赛	重庆市委宣传部、重庆市工商局、重庆市市政管理委员会	腾讯大渝网、猪八戒网	政府机构	户外公益广告
2010 年	重庆第二届户外公益广告大赛	重庆市委宣传部、重庆市文明办、重庆市工商局、	重庆晨报、今日重庆、华龙网、腾讯大渝网、猪八戒网	政府机构	户外公益广告

续表3-3

时间	活动名称	发起主导组织	承办、协办及参与单位	主办组织性质	传播媒体
2008 年	重庆市低碳公益广告作品大赛	英国驻重庆总领事馆、重庆市政府新闻办、重庆市经委、重庆市环保局	华龙网、重庆手机报	政府机构	
2008 年	广州第一届“羊城杯”公益广告大赛	市委宣传部、市文明办、市工商局、市新广局		政府机构	平面、影视、广播
2010 年	广州第二届“羊城杯”公益广告大赛	市委宣传部、市工商局、亚组委宣传部、市文广新局、市文明办、广州日报社、广州电视台、广州电台	市广告行业协会、大洋网、中国广州网、中国公益广告网	政府机构	平面、影视、广播
2004—2005 年	第一届“责任中国”公益广告大赛	南方都市报	南方日报、南方周末、南方人物周刊、新京报、新闻晚报、中国广告、新浪广东	媒体机构	平面广告
2005—2006 年	第二届“责任中国”公益广告大赛	南方都市报	南方日报、南方周末、南方人物周刊、新京报、新闻晚报、中国广告、新浪广东	媒体机构	平面广告
2007 年	第三届“责任中国”公益广告大赛	南方都市报	南方日报、南方周末、南方人物周刊、新京报、新闻晚报、中国广告、新浪广东	媒体机构	平面广告
2005 年	上海市“男女平等基本国策”公益广告大赛	上海市妇联、市工商行政管理局	文广新闻传媒集团、解放日报报业集团	政府机构	平面、影视
2006 年	慈溪市“创文明城市，做文明市民”公益广告大奖赛	慈溪市联合创建工作办公室	慈溪市广告协会、慈溪市广播电视台广告部、慈溪日报广告部	政府机构	影视、平面、广播
2010 年	“文明南通”公益广告大赛	南通市委宣传部、市文明办		政府机构	

续表3－3

时间	活动名称	发起主导组织	承办、协办及参与单位	主办组织性质	传播媒体
2007年	呼和浩特“博洋杯”巴士新风尚公益广告大赛	市委宣传部主办，内蒙古博洋广告有限责任公司承办		政府机构	户外
2004—2010年	辽宁、广西、黑龙江、四川等地的反腐倡廉公益广告大赛	省纪委、省委宣传部、省工商局		政府机构	电视、电脑动画、平面、四格漫画、广告语
2007—2008年	“公益总动员”全国公益广告大赛	山东卫视		媒体机构	影视
2010年	“迎世博、讲文明、树新风”宁波市首届公益广告大赛	宁波市		政府机构	影视、动漫、广播类、平面文明短语
2009年9月—2010年5月	海宁“中国皮革城杯”首届中国公路公益广告大赛	中国公路学会主办、深圳高速公路股份有限公司支持、深圳高速公路广告有限公司承办		社团组织、企业	高速户外大牌
2002年	“嘉宝莉杯”首届甘肃省公益广告大赛	甘肃省广告协会、西部商报	嘉宝莉油漆兰州营销中心与甘肃南洋化工有限公司联合主办，奥普浴霸兰州营销中心协办	社团组织、媒体机构、企业	户外
2009年	2009年呼伦贝尔公益广告大赛	呼伦贝尔广告协会		社团组织	影视、平面、广播
2007年	2007年佛山市公益广告大赛	佛山市城管局、佛山市广告协会	珠江时报社协办	政府机构、社团组织、媒体机构	平面

从以上全国性或地方性的大型公益广告传播活动来看，政府主导型占据了绝对优势，此外少数公益广告活动由具有社会影响力的主流媒体主导进行，如中央电视台、南方都市报等。这类活动传播主要配合相关国家政策和社会价值导向进行传播。在公益广告发展三十来年的历史中，政府主导的公益广告传播占据了我国公益广告传播活动的绝大多数。

2. 常规公益广告传播：媒体主导型

除了全国性和地方性公益广告征集赛事以外，我国公益广告的常态性传播主要依赖于传统主流媒体的努力。电视、报纸、广播、杂志，以及后来兴起的户外等传统主流媒体，一是由于国家相关政策的要求，二是媒体自身的形象塑造需要和社会责任感，使得传统主流媒体十分注重公益广告传播。1987 年，作为中国传媒行业门户形象的中央电视台创办了第一个公益广告栏目《广而告之》，为公益广告的常态性传播奠定了基础。此后，全国各地卫视和地方电视台的公益广告栏目设置也紧随其后，形成了举国上下的公益广告风潮，广播、报纸杂志等平面媒体也一一跟进。因此，公益广告的常态性传播基本上是媒体主导型的运行模式。

我国主流媒体主导的公益广告传播，也大多主动贴近和契合国家政策、政治形势、社会热点。比如中央电视台 1998 年的“下岗职工再就业”系列公益广告，就与当时国企改制、大量国企工人下岗的大环境有关。“心若在，梦就在”等公益广告提振社会信心，鼓舞士气，对下岗工人再就业等起到了重要的鼓励作用。1999 年的“环境保护”“树立新风尚，迈向新世纪”，以及 2002 年的“节约创造价值”等系列公益广告，都较好地契合了当时的社会热点问题。当然，媒体主导的常态公益广告传播，在媒体巨大的社会感召下，也有社会组织等力量的加入。比如 1999 年的“知识改变命运”系列和 2005 年的小天使基金公益广告就分别有李嘉诚基金会和中国红十字会等社会组织的参与和主导（见表 3－4）。

表 3－4　中央电视台常规性公益广告传播系列主题

时间	中央电视台公益广告传播系列主题	发起或主导组织
1998 年	“下岗职工再就业”	中央电视台
1999 年	“知识改变命运”	李嘉诚基金会、中央电视台
	环境保护	中央电视台
	“树立新风尚，迈向新世纪”	中央电视台
2002 年	“希望工程助学行动”系列	中国青少年发展基金会、中央电视台
2005 年 7 月	“节约创造价值”系列	中央电视台
2005 年	小天使基金公益广告	中国红十字会

续表3-4

时间	中央电视台公益广告传播系列主题	发起或主导组织
2006年下半年	“红盾护农”	国家工商总局、中央电视台
2007年	“走进新农村，建设新农村”系列	中央电视台
2008年	传统节日公益广告系列	中宣部、中央文明办、国家工商总局、国家广电总局、新闻出版总署

这些常态性的公益广告传播中，有媒体为公益广告专门辟出广告时段的纯公益传播，此后也有媒体借助公益广告传播平台，引入企业进行合作，将部分商业广告与公益广告结合播出。公益广告的企业冠名、企业公益广告展播等媒体形式，大大丰富了公益广告的传播样式，也在一定程度上解决了公益广告的资金问题。

3. 重大事件、突发事件公益广告传播：多方共同参与

除了大型公益广告赛事和常态公益广告传播外，重大事件和某些社会突发事件发生后一段时间也是公益广告传播比较集中的阶段。此时公益广告除了正常的“社会润滑剂”作用外，还带有明显的重大事件宣传和危机公关功能。但与以上公益广告传播不同的是，重大事件和突发事件中的公益广告传播，由于涉及社会广大公众的共同利益，也由于互联网时代带来的传播便利，这类公益广告的运行模式通常都是多元主体共同参与主导的。政府机构、媒体、企业和社会个体及组织中，没有绝对的主导者，只有为了社会公共利益而形成的传播共鸣。

尤其是2008年，从南方雪灾、汶川地震到北京奥运会，许多企业、媒体和广告公司纷纷自觉地投入公益广告的创作和发布，涌现了大量令人刻骨铭心的优秀公益广告作品，公益广告感动人心、鼓舞人心、团结人心的力量发挥得淋漓尽致。2008年是中国公益广告的“井喷年”。这年12月28日，在国家工商总局广告监督管理司、国家广电总局传媒机构管理司的指导下，由中国广告协会电视委员会、中国广播电视协会广告信息工作委员会主办的“中国公益广告网”（www.cnpad.net）正式上线，成为中国首个具有专业性、权威性的公益广告门户网站。

表 3-5　主要重大突发事件中的公益广告传播

时间	广告活动及传播系列名称	发起或主导组织
1998 年	“抗洪救灾”	中央电视台
2003 年	抗击“非典”系列	中央电视台
	“抛弃陋习、身心健康”公德比赛系列公益广告、“健康每一天，全民防‘非典’”动画公益广告	蒙牛乳业、卫生部、中央电视台
2007—2008 年	“迎奥运、讲文明、树新风”公益广告征集比赛	中央宣传部、中央文明办、国家工商总局、国家广电总局、新闻出版总署、北京奥组委、中央电视台
2008 年	汶川地震公益广告系列	中宣部、中央文明办、国家工商总局、国家广电总局、新闻出版总署
2010 年	“工商银行杯”第 16 届亚运会平面公益广告创作大赛	亚运会组委会宣传部、广东省工商行政管理局、广东省广告协会和南方报业传媒集团

当然，这种多元主体的公益广告传播格局也并不是从一开始就如此，从上表上我们可以看到，1998 年的特大洪灾公益广告，仍然是由中央电视台等主流媒体在主导传播，直到互联网发展起来并逐渐普及以后，重大突发事件中的公益广告传播中才开始出现企业、个人以及社会组织的身影。尤其是 2008 年诸多重大事件所带来的公众力量的爆发和大飞跃，让国人似乎一夜之间意识到社会蕴藏的巨大力量，不仅通过网络影响推动了整个抗震救灾事件的进展，也在传统主流媒体中发挥了巨大的影响，为抗震救灾和灾后重建整合了社会力量，聚集了巨大的人力、物力、财力和信息流，传统主流媒体和互联网上传播的汶川地震公益广告也感染着无数公众。对比 1998 年和 2008 年，仅仅 10 年时间，在为社会力量震惊的同时，我们不能不惊叹网络社会所带来的巨变。此后的奥运会、世博会以及亚运会，作为万众瞩目的重大社会事件，与其相关的公益广告传播也就随着网络传播主体的多元化逐步多元和丰富起来。

4. 高校、社团组织、社区等公益广告的有益补充：社会主导

随着我国现代化的进程以及公益广告实践的推进，公益广告带来的社会效应逐渐扩散到社会各界，包括高校、社区、网络虚拟社会等。各高等院校也开始结合科研和教学实践举办各类公益广告大赛，各社区开始设立公益广告宣传栏，各社团组织、网络组织开始结合实践进行公益广告传播，对以政府和主流

媒体为主导的公益广告传播形成了有益补充（具体实践详见表 3—6）。

表 3—6　部分高校或科研机构主导的公益广告

时间	公益广告传播活动	发起或主导组织
2002 年	合肥市首届大学生公益广告大赛	合肥市精神文明办公室
2004 年	清华大学首届公益广告大赛	清华大学传媒协会
2008 年	“野生救援协会 & 腾讯公益慈善基金会”2008 公益广告创意征集大赛	美国野生救援协会、腾讯公益慈善基金会
2006 年	QQ 游戏公益广告大赛	腾讯 QQ
2007 年	2007 年公益网络广告创意大赛	搜狐网、时代图片、中华广告网、中国儿童少年基金会
	社区招贴等常规公益广告	社区
	部分网络视频及平面公益广告	网站或个人
	各大高校校园公益广告大赛	高校社团

这些由高校社团、民间社团组织、个人、网站及网络平台组织进行的公益广告传播，尽管在公益广告整体传播中只占很小一部分，却对公益广告的未来发展具有不同寻常的价值和意义。这些传播活动出现得比较晚，大多是互联网普及以后出现的传播现象，但也有其价值和意义：其一，它是由相对具有较高素质的个体或社会组织主导的公益广告传播，代表了公众对公益广告日常性传播的主导和参与；其二，它的传播具有贴地性，贴近民众日常生活，体现了公众个体的传播权利，同时消除了政府和媒体主导公益广告传播的导向色彩，是真正意义上的“公共传播”。

5. 公益广告整体传播格局

从以上公益广告传播的主导机构来看，从 1986 年开始的我国现代公益广告事业随着社会环境的变化，其运行模式也在逐渐发生变化。运行模式的演变可以分为几个阶段，如表 3—7 所示：

表 3-7　1986 年以来公益广告各阶段运行模式

阶段	运行模式	标志性事件	影响因素
1986—2003 年	政府主导型发展模式	1986 年贵阳电视台播出“节约用水”广告	电视媒体的兴盛，改革开放带来的公益观念的普及
2003—2008 年	政府主导、媒介主导并存	2003 年“非典”事件公益广告传播，《南方都市报》主办公益广告大赛	互联网兴起并开始普及，公共事件的信息公开，媒体市场化改革带来的媒介品牌塑造需求
2008 年至今	政府主导、媒介主导并存，公众主导公益广告传播大量出现	2008 年汶川大地震中公众主导的公益广告的大量出现	互联网进一步发展深入，《信息公开条例》的颁布，虚拟社会公共空间的出现

从表 3-7 来看，我国公益广告传播看似形成了一个政府主导、媒体执行、企业和社会组织补充、全社会共同参与重大事件公益广告传播的格局，但是需要注意的是，尽管 2003 年以后随着媒介市场化的改革进程，由媒体机构单独主导的公益广告传播兴盛起来，但前面我们已经论述过，由于中国特定的传媒体制，媒体机构主导的公益广告传播依旧带有较强的导向性，主要体现在其主动在传播主题上贴近国家政策、重大事件和社会主义主流价值观。而且，媒介机构的主管部门如广电总局、新闻出版总署、中宣部等，依旧对媒体的相传传播活动有着强大的主导作用。因此，在成为真正的“公共传播机构”之前，媒体主导的公益广告传播依旧可以看成是政府主导型运行模式下的一种子模式或分支模式。

而 2008 年以后的公益广告传播，一是有了社会组织本身的发展，二是有了个体“传播权利”的巨大需求，再加之互联网为公众带来的传播平台和可能，因此在汶川大地震这一重大突发事件中形成了总爆发，开了社会个体和组织的公益广告传播先河。然而，个体参与社会传播的时间还很短，其间也必定遭遇来自各个领域的阻力，因此，我们还不能说从 2008 年开始公益广告就进入了政府、市场、社会多元化主导的传播格局。

基于此，纵观 1986 年以来我国公益广告事业的历史，其运行模式可以说是以政府主导型为主的，但正在走向多元化。传播主体多元化的过程可能是一个复杂的、繁荣的发展过程，它既带来了诸多发展的可能，也带来了需要解决的问题和困境。其中有几个趋势特别值得注意：

一是各类公益广告活动越来越多，公益广告事业越来越繁荣，但也有少数活动流于形式，并没有取得实质性传播效果，尤其在少数地方政府机构，公益广告成为地方政府宣传城市形象的一个替代品，公益广告的纯公益性正在悄悄发生变化。

二是随着网络社会的进一步发展，社会参与公益广告传播活动打破了原有的公益广告传播格局，在公益传播中占据越来越重要的地位，尤其以腾讯公益为代表的企业，由于拥有数以亿计的用户，其公益传播的力量不可小觑。但同时，来自政府的规范和控制力量以及来自市场的经济制约力量也在进一步加强。因此，可以预见的是，公益广告目前正在走向一个多元主导的传播格局。

三是在重大事件和突发事件中，公益广告传播呈现多元化的格局。政府机构不再是绝对主导力量，媒体逐渐成为公共领域的重要组成部分，企业公民、个体和社会组织的力量得到了充分体现。重大事件有望成为推进公益传播的重要契机。

四是随着突发事件的出现，以及公益传播越来越大的社会需求，公益广告的传播在多重主体、信息传播乱象丛生的传媒环境中，迫切需要有一个成型的、强大的、兼容性的运行模式和机制来规范其运行，引导其发布。

第四章

中国公益广告现有运行模式的困境与发展可能

公益广告事业在政府主导型的模式下发展了几十年，在社会主义精神文明建设和社会价值塑造中发挥了重要作用。但是，随着我国社会的发展和公共传播重要性的日益凸显，公益广告应该承载的使命已经远远超越了塑造社会价值、传播公共道德观念、促进精神文明建设的范畴。新的社会结构和形态要求公益广告有更广阔的发展空间，不仅要在政府和市场环境下有所作为，还应该肩负起公共沟通的使命。

公众的诸多公益广告实践说明，应该有一种更为开放、更具有长久和持续性的运行模式，使得公益广告内容更丰富，传播方式更多元，驱动力更持久。

第一节　公益广告现有运行模式的困境与问题

政府主导型的公益广告运行模式，在公益广告的初步发展阶段，显示了巨大的力量。20 世纪 90 年代后期“中华好风尚”和“自强创辉煌”等全国性公益广告大赛和活动，由于主导机构的全力倡导和地方机构的配合，取得了不错的成果。

但长期由政府主导的公益广告传播，随着社会结构的变化和公益广告本身内涵的拓展，随着受众被动接受传播地位的改变和自主性的增强，已经越来越不能适应公益广告的发展了。而且，政府主导下的公益广告传播活动，其政府光环容易掩盖公益广告本身运行中存在的一系列问题。

这正是我国公益广告现有运行模式的困境，主要体现在以下四个方面。

1. 无明确主体

考察“中华好风尚”“自强创辉煌”等公益广告大赛，中央电视台的常规性公益广告传播，1998 年洪灾、2003 年“非典”、2008 年汶川大地震等引发的公益广告传播，可以发现似乎每一次公益广告传播都有相关政府部门作为主导机构。但是国家工商总局、中央文明办、中宣部、中央电视台、卫生部、中央纪委、地方政府、社会组织，以及进行公益广告传播的个人、网站、高校等多重传播主体，恰恰说明了我国公益广告传播主体的飘忽不定。在这些公益广告中，主体的无序变化，实质上就是无主体。它主要表现在：

（1）传播主体多变。从上一章对诸多公益广告传播活动的分析中就可以看出，公益广告的传播主体经常是多变的。大部分时候是政府机构，但这个机构并不固定，有时是工商总局，有时是中宣部，有时是文明办，有时是卫生部或纪委；多数时候是媒体，包括中央电视台、地方电视台和报刊等；极少数时候是中国红十字会、中国青少年发展基金会等社会组织。“相关机构长期存在‘客串’‘代管’心态，忙时无暇顾及，闲时抓上一把，导致多头管理，无人负责，谁出头算谁，做多少算多少，总体上陷入自发随机偶然分散。”①

（2）主体不是负责整个社会的公益广告传播的专门机构，而是由其他机构兼任。无论是国家工商总局还是精神文明办，每个传播主导机构都是根据自身的需求和自身要完成的工作任务，选择了公益广告这样一种传播方式。它们既没有固定的公益广告资金，也没有公益广告创作和播出的专业人员，更不是专门负责公益广告传播的主体机构。所以，在具体传播活动中，它们是主体。但是，对于公益广告的系统性运行来说，它们谁都不是主体。

（3）目前任何一个具体的传播主体都不能代表公益广告的真正主体的利益，不能完全体现公益广告的“公益”核心价值。陈刚在《公共传播与公益广告》一文中认为：“比如发布的主体虽然表面上是某些代表特定公共利益的非营利性机构，或者是代为发布的企业、媒介等营利性机构，但是实际上公益广告真正的主体是公共利益的总体，这个总体经常是看不见的。”② 因此，目前无论是政府机构、媒体还是少数社会组织，都有各自的利益或价值指向，都不能完全代表公共利益的总体，不能体现“公益”这个核心价值。所以，这个“看不见的总体”虽然存在，却没有成为公益广告的传播主体。

2. 无固定运行机制

尽管大部分公益广告有政府的主导，但工商部门、文化部门、宣传部门、

---

① 张敏. 作为公共沟通的公益广告［J］. 中国广告，2009（3）：101.

② 陈刚. 公共传播与公益广告［J］. 中国广告，2009（3）：115.

新闻出版部门等多重管理下的公益广告活动，根本没有形成相对统一和固定的运行机制。这个相对统一和固定的运行机制包括：一个能代表最广大公众利益的相对固定的主导机构，一套相对科学、合理、可持续发展的制作、传播以及效果评估流程，一支相对稳定的专业制作和传播人员队伍，一个稳定的资金来源和社会价值回报方式。

长期以来我国公益广告传播活动可以说是各行其是，真正主导少，实际客串多。政府主导，执行的是政府工作程序；媒体主导，执行的是媒体传播程序。无固定运行机制带来的是公益广告传播长期存在的相对无序状态。这种无序体现在：

(1) 公益广告主题选择和设置无序。公益广告主题设置的“先入为主”和主观决策是我国公益广告传播无机制的最根本体现，绝大部分公益广告主题由政府机构和主流媒体先入为主地进行设定。正如四川大学朱天所认为的那样，这“直接导致了公益广告的发送者中心论”①，这些根据自身需求各行其是、各说各话的主题设置，很容易在价值传达上造成矛盾和冲突。“正是由于对这种更具有语境规定性的公益性理念进行深入探讨与实践上的含糊和问题悬置，造成了当前公益广告在公益诉求上普遍缺乏方向感和目的性，突出反映为公益广告在话语表达上的窘迫。”② 最集中的体现的就是 1999 年张艺谋所拍摄的“知识改变命运”系列公益广告和 2002 年陈凯歌拍摄的公益广告《橘子》在价值观念上的冲突。

2002 年，陈凯歌执导的首部公益广告片《橘子》在中央电视台播出。片子讲述的是一个西北农村女孩去城里读书，临行前父亲饱含深情地送她一个橘子，此时屏幕上打出一行字：“一个橘子有多重?”几年后，女孩报考美院，在考场门口为了替一个卖橘子的老人撑伞挡雨，而在那场决定前途的考试中迟到了，此时出现字幕“两筐橘子有多要紧?”。多年后女孩成为小学教师，看到学生的画板上有一棵结满果实的橘子树时，欣慰地笑了。最后出现主题词：“教育不仅仅为了知识，爱才是果实。”

此事在广告界引起了热议，许多人认为《橘子》所传达的“教育不仅仅为了知识，爱才是果实”的价值观，是对传统教育观念的一次质疑和挑战。这与 1999 年李嘉诚基金会赞助、张艺谋执导拍摄的“知识改变命运”系列公益广告所暗含的“知识让穷人变成富人”的观念存在价值观上的冲突。这正是公益

---

① 朱天. 论当前我国公益广告的理念更新 [J]. 新闻界，2007 (5)：157.

② 同上，第 158 页。

广告传播主题中价值理性与工具理性的冲突，也揭示了我国功利主义教育观在观念传播上的窘境。尽管两者没有直接交锋，却引起了广告专业人士以及教育界人士的反思。然而可惜的是，反思仅仅停留在我国的教育观层面，并没有考虑如何从机制上去解决公益广告传播中的主题和价值观冲突问题。

公益广告主题选择的无序还体现在目前几乎所有的公益广告内容都缺乏对社会公益组织本身的传播这一现状上。公益组织作为社会最重要的组成部分之一，本身是进行公益活动的主体，对公益组织本身的组织结构、功能、社会公益活动、重要公益人物进行传播，就是公益广告的一个重要部分。这也是本书第二章中对公益广告进行内涵重置时所认定的，公益事件、公益活动、公益人物、公益组织的告知和传播本身也是公益广告的重要内容之一。公益广告不仅传播某一种观念，还应该有更广阔的使命，应该拓展到更广的公益传播领域。

（2）公益广告的流程和组织配合无序。由于多重主体、主体性质不一、缺乏传播标准等，我国公益广告传播没有形成相对统一的流程，因而既不能保证公益广告的专业水平，也不能保证其传播效果。大多数情况下，中央政府机构和地方政府主导的公益广告大赛采取的是“主办、承办、协办”的方式，即依托行政命令聚合相关组织来进行。比如由政府机构牵头，将行政命令层层下发到下级政府机构，相关企业或广告公司承办，多个媒体协办。2006 年茅台杯“中华好风尚”系列公益广告、2009 年的“全国民族团结公益广告大赛”、2010 年的首届中国电视“金鸽奖”公益广告大赛，以及重庆、深圳历届公益广告大赛都是如此。而媒体主导的常规性公益广告传播则大部分采取的是“定主题—寻找赞助企业—委托广告公司或自身制作中心制作—自身及媒体同行发布”的流程。传播时间及周期不确定、主观决策传播主题、随机寻找赞助企业等，都体现了媒体常规公益广告传播的随意性。

全国性公益广告大赛，由于受到大赛主题、主办方目的等制约，更谈不上相对固定的流程设置，虽然具体某一次大赛中的流程是确定的，但各大赛事之间却没有相对统一的标准，从而导致赛事的开始与结束比较随意无序，各赛事水平参差不齐。

而企业主导的公益广告传播，虽然有较大的公益成分，但更多时候是选择与企业理念、企业价值比较符合的公益内容，播出时机和播出媒体等选择也更多是根据企业自身需求而定。与商业广告成熟的运作策略相比，企业公益广告缺乏稳定的传播流程及策略。纵向来看，一则商业广告要经过从市场调查到市场细分、广告定位、广告战略策划、广告媒体渠道策划、广告推进程序策划和广告效果评估等一系列精心的谋划，既有战略的长远规划考虑，又有具体的战术实施方案。与之相对的是一则企业公益广告的问世，既没有做过调查，也没有受众定位，更谈不上战略策划、效果评估，从选题到创意到投放都过于盲目与随意，大体上是碰到什么做什么，什么时候想做就什么时候做，计划性、系统性、针对性很差；横向来看，这种“无策略”的主要表现是企业公益广告未被纳入企业整合营销传播体系，与企业的整合营销传播体系不一致。①

此外，在上述不管是政府、媒体还是企业主导的公益广告传播中，绝大部分都没有对公益广告的传播效果进行调查或测评这一项程序，因此，对公益广告受众的调查和传播效果测评研究也极少。只有高校、研究机构等少数科研单位出于研究需要，对公益广告进行过受众调查和传播效果测评分析。

(3) 公益广告资金来源不稳定、不确定。资金来源虽然是制约公益广告发展的瓶颈之一，但以政府主导为主要运行模式的中国公益广告，其资金来源主要有四个方面。一是政府财政拨付，这是主要的资金来源，包括国家工商总局、中央文明办、中宣部等会在某些情况下拨出一定的经费，以支持公益广告的发展，举办各类公益广告大赛，进行公益宣传。二是企业赞助，这也是公益广告的资金来源之一。自 1993 年起，由于中央电视台商业广告招标的巨大号召力，许多企业也开始关注央视的公益广告，开始以承担广告制作费的方式加盟公益广告事业。此后，中央电视台以及地方卫视等主流媒体，还专门以企业冠名、企业名称提示等方式为企业开辟了公益广告的传播平台，以获得企业的资金支持。三是社会团体或组织捐款，这种资金方式虽然有过先例，但在我国公益广告庞大的支出中，社会团体或组织捐款仍然只占极少数。四是来源于广告代理机构。广告代理机构通过代理商业广告获取了一定的利润，也会出于社会责任、公司形象等考虑，以自身代理的媒体时段或版面出资的方式，在媒体上发布一定数量的公益广告，比如中央电视台未来广告。但现实中更多的广告代理机构往往是在代理时段、代理版面、代理户外媒体等有一定空缺的情况下，才会选择进行公益广告传播。这样，公益广告就沦为商业广告客户缺乏或不足时的“补丁”。据统计，2000 年全国商业广告投入达 712 亿元，当年公益广告投入却不到这一数字的 2%。② 这是我国公益广告无法回避的现实：我国公益广告的社会投入可以说微乎其微，而看似有政府行政指令保障下的公益广告资金来源，实际上却极其不稳定、不确定。而企业赞助更没有稳定的赞助机制，主导者也无法对企业形成约束力，要求企业按照某些要求提供赞助资金。

---

① 郑伶俐. 论企业公益广告对企业形象的塑造 [D]. 武汉：华中科技大学，2004：33.

② 张明新. 公益广告的奥秘 [M]. 广州：广东经济出版社，2004：36.

对于社团组织而言，半官方社团组织的资金提供与工商总局等政府机构极其相似，并且更不确定，民间社团组织等大小组织，其自身都面临运作资金吃紧的问题，更不用说为公益广告传播提供充足的资金支持了。广告代理机构在商业利益的驱动下，更多只会选择公益广告做补丁，而不会真正为公益广告提供资金以及与资金同等价值的媒体时段或版面。

主题选择和设置无序，流程和组织配合无序，资金来源又面临不稳定、不确定的局面，这种情况下的公益广告传播，无法形成成型和固定的运行机制，自然无法要求公益广告承担引导公共舆论的责任。其实，相关政府机构负责人也充分意识到了公益广告的机制缺乏问题：时任国家工商总局副局长涂更新在2008年年底的公益广告研讨会上提出："要建立体制机制保障。这些年公益广告尽管取得了很大的成绩，但是主要是依靠政府、媒体的自身实力来推动。特别是电视公益广告是一个高投入的产业，对广告公司而言，做公益广告可以不挣钱，但如果长期做奉献则难以为继。经过长时间的调查研究，发现资金并不是公益广告发展的最重要瓶颈，关键是体制机制没有理顺……2009年，中央文明办将通过建立公益广告基金，加大支持力度，加大奖励力度，形成一种良性循环，使公益广告不仅仅建立在中央媒体和广告公司奉献的基础上，而且建立在坚实的体制保障基础上，能够健康持续发展下去。"①

3. 无动力

商业广告在我国改革开放四十多年中的繁荣与发展，有一个最根本的发展原因：市场利润的驱动。正是这个最核心的发展动力，使得商业广告形成了"广告主—广告制作公司—广告代理公司—发布媒体—效果测评服务机构"等一系列的相关利益链条，拥有完善的市场化服务流程，在策划、制作、发布、效果测评等方面都形成了较高的专业水准。广告的传播效果很大程度上影响了广告主的市场利润，反向传导过来，也影响着广告的制作和发布。由此可见，一个相对持久的发展动力对于一个行业的发展相当重要，公益广告也是如此。

长期以来，我国公益广告以政府主导为主要发展模式，其发展动力在于行政命令驱动。行政命令驱动型的公益广告，在发展初期可能产生强大的社会影响力，尤其是社会公益事业发展十分缓慢、社会力量又十分薄弱的时期。然而行政命令驱动下的公益广告发展，随着社会的进一步发展，难以持续发展。

---

① 涂更新. 建立坚实的体制保障基础——公益广告的可持续发展之路［J］. 中国广告，2009（2）：79.

首先，在政府职能转变的过程中，许多公益事业和公共事业服务，都会从政府职能机构中剥离出去，由市场或社会来提供。公益广告作为传播领域成效显著的一项公益事业，必然要走入这样一个过程。因此，行政命令驱动型的公益广告将逐渐淡出公益传播舞台。

其次，行政命令驱动不能作为公益广告发展的真正动力。这种发展方式不能令无偿参与公益广告制作和发布的广告公司、媒体、企业感受到真正的社会价值，与公益广告作为“社会价值型公益”的根本属性不符，必定不能持续有效进行。一些广告公司、企业、媒体出于提升企业形象价值等目的来进行公益广告传播，其动机就违背了公益广告的公益准则。因此，这种方式既不能促进公益广告在专业制作水准上的全面提升，也不能保证公益广告的社会传播效果，更不能保证公益广告拥有持续有效的发展机制。

因此可以说，没有真正的发展动力是公益广告一直不能形成持续有效发展机制的根本原因。那么公益广告的根本驱动力又从何处寻找呢?

作为公益事业，公益广告不可能像纯商业广告那样去追求市场利润，以市场利润为唯一目标。当然不能排除少数公益广告在传播同时产生市场利润，形成社会公益价值的“副产品”，但市场利润的追逐源于资本的逐利本性，与公益广告的公共利益本质存在冲突，不可能作为公益广告发展的内在驱动力。公益广告的根本驱动力还是应该从其根本属性上寻找。作为“社会价值型公益”，公益广告传播的是对广大公众普遍利益有利的价值观念，是个体、社会组织、企业出于对社会价值感的追求而进行的传播实践。因此，对社会价值感的追求，在理论上应该成为公益广告发展最根本的驱动力。

可是有人不免要怀疑，社会价值型驱动是无本之木，对社会价值感的追求可能只是进行纯公益的一个理想状态，不太可能在现实中真正实现。但是仔细分析，我们并不难找到社会价值型驱动的现实利益基础：任何一项公共利益中都可能包含个人利益。对公共利益的维护，对公共价值观、公益价值观的传播都是有利于传播者个人利益的。传播“环境保护”理念，爱护母亲河，宣传“低碳经济”，传播艾滋病防范常识，保护动物等都与每个人的生活息息相关，都与个人利益相关。在传播公共价值、公益观念的同时，既维护了公共利益，也有利于个人利益的维护，并且获得社会的尊重与肯定，这种社会价值感，是许多具有公民意识和素质的个体和组织所追求的。

因此，从“行政命令”驱动走向“社会价值”驱动，将是公益广告回归其本质的一次飞跃。

第二节　公益广告传播具备多种发展可能的社会条件

如果从民国初期的公益广告传播算起，公益广告发展已经有百余年的发展历史，可以说是公益传播中最成熟的传播形式。而作为一项现代公益事业，公益广告的发展时间只有短短的二十多年，但时间和数量的累积，并不意味着公益广告形成了成熟的发展模式。

1. 转型时期的中国社会与公益广告发展的多种可能

进入 21 世纪，中国正处于改革开放以后的重大转型时期，经济改革取得了巨大成果，物质生活不断丰富，经济改革的快速推进带来社会结构的巨大变化、社会力量的消长，政府任何一个政策的颁布都必须分外谨慎。与此同时，传媒信息产业的高度发达，使得信息传播越来越便利。政府职能转变的需求、新公共管理理念的传递，使得媒体的力量越来越强大，个体意识开始凸显，社会的力量正在快速壮大，尤其是 2008 年雪灾、汶川大地震、奥运会等重大公共事件，客观上为个体影响力的扩大起到了助推剂的作用。这些变化并不仅仅只是表面上的变化，而是涉及社会结构的深层次变化，这为公益广告的发展提供了新机遇。

一是社会结构正在发生巨大变化、互联网技术发展带来的社会转型，为公益广告的发展提供了新的可能。社会分层早就脱离原有的阶级概念，以职业、性别、年龄、兴趣、媒体喜好为中心都可以形成新的社会团体及分层。互联网时代带来的媒体快速发展，使得个体意识不断提升，在无形中酝酿出一股巨大的力量，而且这股力量在诸多公共事业领域发挥着影响，对公共事业的高度关注，对政府官员腐败的高度关注等，都充分表明了个体意识的觉醒。这种觉醒具有强大的改良社会的冲动。

2009 年有十大事件具有标志性意义，引发了网民的关注：①网民高度关注“5·12”地震捐资去向；②北大法学院五教授上书建言废除《城市房屋拆迁管理条例》；③四家公益基金会建议国务院对财税部门免税政策文件进行合法性审查；④农民工张海超坚持“开胸验肺”推动职业病相关法规出台；⑤番禺居民理性抵制垃圾焚烧厂选址；⑥《慈善法》进入立法程序有望改善中国慈善制度环境；⑦网民反对绿坝软件，工信部暂缓安装；⑧李德涛等公民以身“试”法推进政府预算公开；⑨“公盟法律研究中心”受处罚；⑩中华环保联合会启动全国首例社团组织环境公益诉讼。这十大事件，并非个案或孤例，它们涉及环境保护、政府监督、城市建设、医疗保障、公益监管、法律正义、网络传播等各个方面，标志着民间力量开始蓬勃壮大，在中国的政治、经济、社会管理等各个方面发挥着作用。对于公益广告传播这项公益事业，社会多方力量会如何参与，政府会如何决策，仍然是一个平衡的过程。但相较于已往的政府主导型模式而言，公益广告的发展至少具备了新的可能。

二是新公共管理理念下的“有限型政府”导向的改革，也为公益传播提供了新的可能。有限型政府的改革，是对全能型政府的一次反拨，是对政府权限的公共监督和限制，也是政府解除自身重负，简政放权的一次改革。政府自身对职能的取舍、社会力量对政府职能的限制和监督的趋势，是否会将公益传播等公益事业分离出来，真正变成由社会力量主导的“公益事业”？这让我们对“有限政府”的改革充满期待。2010 年 10 月 27 日，《人民日报》发表评论员文章，认为应该沿着正确的政治方向，积极稳妥地推进政治体制改革。[①] 正确的政治方向主要体现在坚持党的领导，坚持社会主义制度，坚持中国特色社会主义政治发展道路和坚持循序渐进、扎实推进。因此，政治体制改革的逐步推进，也使得公益广告的发展存在多种可能。但是对于公益广告而言，要调整和改变现有运行模式，再形成相对固定的发展模式，需要社会力量的助推。

2. 传媒制度变革与公益广告发展的多种可能

在中国，传媒制度变革的成败取决于中国经济体制改革的成败。改革开放首先带来的是经济体制层面的开放，为传媒业注入了新的发展动力，互联网、新媒体技术的发展也为传媒业的飞跃式发展奠定了根本性的技术基础，甚至在很大程度上向前推动着传媒市场和制度的变革。然而对大多数主流媒体而言，“事业化管理、市场化运作”的基本体制仍然在很长一段时间内主导着主流媒体的发展。但技术层面的推进、市场机制与体制运行中存在的矛盾，使得传媒制度的变革成为必然，只是就目前而言，这种变革仍然只是在小步探索中进行。关于我国的传媒制度变革，喻国明在《传媒变革力——传媒转型的行动路线图》一书中认为，制度变革将成为中国传媒发展最重要的问题。“观察中国的传媒业有三个基本面，一个是市场面（产业面），一个是制度面，一个是技术面。这三个基本维度决定了中国传媒产业发展的最主要的三个基本因素。应

① 郑青原. 沿着正确政治方向积极稳妥推进政治体制改革——三论牢牢抓住历史机遇、全面建设小康社会［N］. 人民日报，2010-10-27（1）.

该说，中国传媒产业发展当中，技术面是最具有活跃的革命性、带动性因素的一个方面……我相信整个社会领域的传播是一个巨大的力量，这种力量不适当地释放可能会带来一些意想不到的社会后果。……在今天的中国，在媒介的制度安排问题上，持某种审慎的态度我认为还是必要的。但这并不代表顺应时代的要求而发生某种应有的变革。”[①]喻国明在该书中具体讨论关于汶川大地震的新闻报道时认为，有关汶川地震的报道尽管数量很大，但并不能掩盖其报道维度上的狭窄和单一。因此提出在这些纷繁复杂的灾难报道中，其报道内容和维度应该以“社会本位”的传播架构替代“行政本位”的传播架构。[②]“社会本位”对“行政本位”的替代，其实质是在重大突发事件和公共事件中，传媒无论从报道内容和角度立场都应该更进一步体现公共利益，应该为广大社会公众代言。这说明了两个问题：其一，随着社会的纷繁复杂和管理中的乱象丛生，“全能型政府”对社会的全能管理出现了问题，“全能”造成了大量社会资源的垄断，而监管的缺位使得腐败高发。因此，此时的“行政本位”不可能达到理想意义上的与“社会本位”吻合一致。其二，媒体尽管在很大程度上仍然是“事业单位”，受政府行政部门主管，但媒体应该有其独立性追求，以公正、客观的传播立场，在报道中体现最广大的公共利益，这才是媒体应该具有的品质，也是传媒制度改革的方向之一。因此，“社会本位”对“行政本位”的替代，既是社会发展的要求，也是“全能型政府”向“有限型政府”改革的要求，更是传媒自身变革的要求。

在前面的章节我们已经讨论过，公益广告虽然被冠以“广告”之名，但与一般广告的“利益至上”相去甚远，其本质更应该被定位为“公益传播”。但这一公益传播最重要的传播方式，无论从传播主体还是传播内容、立场、角度上，都体现出政府宣传、教化的主观性特点。因此，传媒制度的改革趋势，也为公益广告的运行模式提供了新的可能性，至少，传播内容和立场从“行政本位”到“社会本位”的改变，是值得期待的。公益广告的传播公益观念、保护公共利益等“公益”职能将得到真正体现。

3. 数字技术及互联网平台为公益广告发展带来的多种可能

传媒领域的传播技术革命所带来的影响远远超越了技术范畴，它不仅渗透到内容生产领域，改变传播的思维方式和表达方式，而且引发了传播生态环境

① 喻国明．传媒变革力——传媒转型的行动路线图［M］．广州：南方日报出版社，2009：26—27.

② 同上，第 32 页。

和传播结构的改变，甚至波及传媒体制本身。

不断兴起的互联网新媒体、手机新媒体，诸如互联网电视、电子报刊、网络视频、手机电视、移动电视等正在以非常规的方式迅速发展，以互联网为集合点，传统主流媒体、非主流媒体、新兴媒体汇聚成巨大、复杂的传媒生态网络，一条新闻、信息，一个娱乐事件，甚至一句网络流行语，都将瞬间传遍全国，成为“太平洋彼岸扇动翅膀的那只蝴蝶”，引发不可预估甚至不可控制的社会影响。有人将互联网称为“巨大的共鸣箱”，最显著的特征就是“瞬时传播和深度卷入”。

在一个“所有人对所有人”的传播时代，WEB 2.0 所支持的自媒体表达，为公益广告的运行模式提供了新的可能。以互联网为载体和平台的公益活动和公益传播，正在成为大多数个体、许多企业、非营利性组织机构和政府机构的选择。WEB 2.0 时代，每个人都是公益广告传播主体，每个人都是慈善家。

2008 年“5·12”汶川大地震时期的互联网公益传播，就为 WEB 2.0 时代的公益广告传播提供了典型的案例。从“5·12”地震发生开始，上亿用户第一时间在网上通过博客、BBS 论坛、QQ、贴吧和新闻点评等上传和传播关于灾区最新报道的文字、图片和视频，这其中就包括诸多公益广告的广告语、广告视频、平面公益广告画面等，这些公益广告，既有中央电视台等主流媒体公益广告的转载，也有网民自己的创作。一时间，通过中央电视台直播看现场，通过互联网在线参与讨论，成为“5·12”地震救援特殊时期的一种独特景观。互联网特有的瞬时传播和深度卷入，使得互联网成为“5·12”地震事件唤起社会关注的一个“巨大共鸣箱”：爱心的洪流跨越了地域、身份和种族，汇聚成浩浩荡荡的河流，使得参与网络公益传播的每一个人无不为之动容，情感的感染最终转化无数的善举：主动捐款捐物，救助伤员，转运物资，致力于灾区医疗卫生防疫、环境保护等，都充分展示了互联网作为传媒化生存时代的一个信息平台的巨大力量。在这期间，腾讯公益慈善基金会联合“李连杰壹基金计划”发起了一场互联网上的捐赠活动，短短的 10 天内，30 多万网友的捐款超过 2200 万元。每一位网友捐款后都能在网上实时看到自己捐赠的数额、留言和截至某一节点网络捐赠活动募集的资金总额。这场在互联网上发起的捐赠活动也创下中国互联网历史上网友的最高捐赠纪录。腾讯等互联网传播平台和工具对于公益广告更重要的一层意义在于，通过 QQ、QQ 空间、QQ 群等一系列手段公益广告可以在网络上畅通无阻地从一个个体传递到另一个个体，从个体传递到群体，从群体传递到群体，最终形成一个畅通无阻的公益广告信息传播系统。就传播内容而言，在这个传播系统中，无论是电视公益广告的传播、广告语的流传，还是公益事件的告知、公益活动的召集等，都可以通过这个平台来实现。因此，互联网平台对公益广告的根本价值在于颠覆传统的一对多的以政府或媒体为主导的公益广告运行模式，形成丰富、立体、多样化的公益广告传播系统。

在互联网这个立体和多样化的公益广告传播系统中，公益广告传播主体的状态是，在一定阶段这个主体无处不在，却又无迹可寻，它们隐匿在电脑屏幕背后的芸芸众生之中，随时参与，随时消失。它们既可能是社会个体，也可能是社会组织，也可能是政府机构，也可能是媒体机构。

正是因为 WEB 2.0、WEB 3.0 时代的到来，公益广告信息可以达到“瞬时传播”，从而让个体“深度卷入”，而传播主体的普遍化和交互传播性有利于公益传播信息系统的形成，从而达到公益广告传播的效果最大化。但也正是这种普遍化体现出主体的不确定性，使得未来的公益广告传播乃至公益传播，仍然是一个复杂、多变、充满不确定因素的领域。

4．传统公益广告事业内部发展的突破

除了中国社会的转型、WEB 3.0 时代的到来，传媒制度改革等为公益广告带来新的发展可能的诸多因素以外，中国公益广告自身的运行模式也在进行多种类型的尝试。王智颖认为，中国公益广告事业发展过程中出现了几种现象，这使得公益广告事业的推进呈现出多种可能性。① 但这些尝试的真正价值并不在于他所说的“企业与媒体联手进行公益活动的尝试”“企业进行公益宣传的动力不断增强”以及“线上线下的整合”，而在于对公益广告从传播主体、内容到形式的创新与变革。这些创新与变革为未来公益广告的发展提供了多种可能性，主要有以下四种情况。

一是公益活动与公益广告的结合传播，对公益广告从内容和形式上进行创新。公益活动的传播改变了从《节约用水》开始的那种 5 秒、15 秒、30 秒的不温不火的公益广告形式，使得公益广告不是单纯的观念教化或宣传，而是用公益行动事实来进行呈现和感染，使民众受到某种观念的冲击和感染，因而也更加丰富、立体、富有说服力。它将媒体、企业或个体的某一项公益行动作为一个事实进行跟踪、报道和呈现，从而使受众接受某种公益教育。这也即是我们前文提到的公益广告缺失的重要内容之一——对公益行动的告知、对公益活动的召集等。2006 年中央电视台新闻频道播出的由崔永元担纲策划和带队进

① 王智颖．中国公益广告事业的推进显现出多种可能［J］．中国广告，2008（2）：40－41.

行的《我的长征》节目就是如此。在这个节目里，所有报名参加的人员重走两万五千里长征路。参加这次行走的是从各行业的普通人中选拔出来的，重新体验当年革命的艰辛，所以这个节目本身具有一定的教育意义和社会公益性。企业为沿途经过的贫困山区的孩子们捐赠各种学习用品。在节目的最后，列出捐赠企业的名单。与此类似，上海电视台第一财经频道推出的一个高端访谈节目《财富人生》在开播一段时间后，以媒体为桥梁，一些失学的、患重病的孩子得到这些采访对象或其所在企业的资助，媒体负责记录并且全程报道。

二是“商业公益广告”的出现使得企业参与公益宣传的动力不断增强。由于公益广告涉及公共利益的本质特点，公益广告在受众层面拥有最广的支持面、最小的抵触率和最大的注目率。因此，企业参与公益广告的动力在不断增强。“5·12”汶川大地震、北京奥运会等重大事件，给企业提供了公益宣传的平台。很多企业把社会责任、公益事业、企业形象与产品结合起来制作公益广告进行传播。比如“5·12”汶川大地震中诸多企业的系列电视、报纸公益广告，为地震灾区注入了温暖友爱的力量；比如统一方便面的《希望篇》公益广告，向受众传递企业在中国青基会设立“统一千禧之爱公益基金”的信息。当然，在公益广告的生产制作上，企业还没有建立起一种常态的机制来保障公益广告的定期制作和发布。但是“商业公益广告”以及“公益广告的商业化”可以说为传统公益广告的进一步发展开辟了新的路径。这个问题国内很早就有研究者关注。2002 年宋宁在《公益广告的商业化和商业广告的公益化》① 一文中就探讨了这一问题，认为以公益为主题的商业广告以及用商业模式来运作公益广告，都是有益的探索，未尝不是一个解决问题的好方法。

三是传统的公益广告形式与新媒体结合，出现了大量的公益广告“二度传播”甚至“三度传播”现象。传播载体正在不断拓展，形成一个跨越新老媒体的传播链条和传播网络。浏览互联网相关公益广告网站或者进行百度搜索就会发现，原来播（刊）出的许多公益广告内容，包括平面、电视、海报、招贴、广播等，都重新在网络上出现。许多经典的公益广告甚至利用网络平台在许多新媒体形式上出现了“二度传播”甚至“三度传播”。传统的公益广告载体正在不断拓展，结合 IPTV、手机电视、网络视频、网页广告等形式，形成公益广告的传播链条甚至传播网络。这很难准确界定为传统媒体的内部突破还是新媒体技术优势的外部引导，但对于公益广告的传播而言，已经成为事实。因此，公益广告的传播在一个“无处不传播”的传媒生态环境里，必将有一个全

---

① 宋宁．公益广告的商业化和商业广告的公益化［J］．广告大观（综合版），2002（6）：64－66．

新的传播面貌。

四是出现了公民个体作为传统公益广告的发布主体的现象，说明传统公益广告以政府（包括媒体）为主导的运行模式正在向外扩展。2005 年 6 月 29 日，《中国青年报》刊登了一个特殊的案例《一个农民的闲事：在人民日报刊登另类公益广告》，报道了杭州市余杭区农民陈法庆自费在《人民日报》上刊登环保公益广告的故事。2005 年 4 月 22 日世界地球日，《人民日报》四版右下角刊登了一则颇为另类的广告：蓝天下，一片青山绿水。画面正中，一行文字"善待环境就是善待自己"环抱着地球。广告下方郑重署名：农民陈法庆。这已是陈法庆自费做的第四个公益广告了。与此同时，他还开始了一项更浩大的工程：一年之内，在全国所有省会城市自费做环保灯箱广告。他说："我要用自己的行动修复国人的环保意识。"2005 年 6 月 7 日，陈法庆的环保网站正式开通。他为此聘了职员，租了办公室，并每日守在电话机旁，以便为同类事件提供他的建议。直到 2011 年，我们依然可以在网络上看到"陈法庆环保网"（www.nmcfq.com），网络首页依然是那句"善待环境就是善待自己"。尽管"陈法庆现象"在传统的公益广告传播中只是个案，但我们依然看到了在以政府（包括主流媒体）为绝对主导地位的公益广告传播中，公民个体作为传播主体所具有的榜样力量。公民个体作为传播主体的出现，既是我国现代公民意识得到发展和提升的结果，也不能不归功于传统公益广告的深远社会影响。而且，这种力量正在以互联网为平台的新媒体中迅速扩大，并成为公益广告传播的一股巨大力量，这正是公益广告发展的未来。

诸多因素的存在与作用，使得公益广告的发展充满了无限希望，但又存在许多不确定的因素与变化。"与西方国家渐进式的发展轨迹相比，在我国经济飞速发展的今天，孕育的诸多机遇，使公益事业的推进显现出多种可能。"① 对于公益广告传播，政府主管部门不太容易在短时间内完全放手，而现有非营利组织又难当全部大任，但媒体制度改革带来了新的期待，各类社会组织、民间力量参与踊跃、企业公益传播动力大大加强等诸多有利因素，又为公益广告进入发展新阶段奠定了最有利条件，因此，"接下来有可能出现的是百花齐放的局面"②。

---

① 王智颖. 中国公益广告事业的推进显现出多种可能［J］. 中国广告，2008（2）：39.

② 同上，第 40 页。

第三节　最优公益广告运行模式应该具备的基本特征

尽管最理想化的运行模式在现实传播环境中可能难以实现，但研究以及实践的目的就是要在产生的诸多可能性中，优化选择一种相对理想化的模式，在实践中促进公益广告的发展。对公益广告运行模式的建构及优化选择，不仅仅对于公益广告本身具有重要价值，而且对于我国日益蓬勃发展的公益传播事业具有较强的示范意义。公益传播是我国公益事业发展的窗口，是公益事业发展产生最广泛、最深入社会影响的基本渠道，因而优化选择公益运行模式对于壮大发展中的我国公益事业同样意义深远。

基于前文对公益广告内涵的思考，参考我国公益广告历史模式的现状和困境，一个较为理想的公益广告运行模式应该具备以下四个基本层面的特征。

1. 价值保障层面

保障公益广告传播达到较为理想化的传播效果，首先要保证公益广告在价值层面作为公益传播的根本属性，而不是作为商业广告“补丁”随意出现。作为公益传播的公益广告必须在传播主体、传播内容，甚至传播形式上保证公共利益的最大化，要有一个能代表最广泛公众利益的传播主体来主导进行，在传播内容上涵盖与公共利益相关的绝大部分内容，并代表公众的观点与立场，进行观念传播、权利申请与保护。传播形式上尽量选择公众易于接触的媒体形式和易于接受的传播方式，以达到最大的公益效果。此外，广义的公益性价值，不仅包括公众的公共利益，而且还包括不影响他人利益前提下的一些团体、群体的利益。因此，公益价值追求可以体现在对公益价值的追求和对互益性价值的兼顾两个方面。

（1）对公益性价值的追求。公共利益尽管在许多场合被提及，但是真正对其内涵进行仔细辨析就会发现，很多时候所言的“公益”，其含义往往是模糊不清的。尽管中外历史上有许多关于“老百姓”利益的言论，诸如中国儒家传统的“民为贵、社稷次之，君为轻”等说法，但这都与现代意义上的“公共利益”有差距。首先，现代意义上的公共利益是基于政府、社会和市场三分法前提的一个概念。其次，“公益”本身的内涵具有一定的深度和广度：从广度上而言，既然为“公”，就包括最大范围和最大限度上的公民利益，从数量上往往是多数人，而不是少数人、个体和某些特定利益集团的利益；从深度上来说，“公益”甚至具有强烈的时间穿越性，它不仅代表了当时社会的公共利益，而且更要顾及子孙后代、顾及生态链条中其他生命和谐共生的利益，比如环保问题、自然生态保护问题等，就是更大范围的、更深层次的公益。从这个意义上说，“公益”不是一时一事的，而是具有恒久意义的关乎人类发展的利益。因此，真正的“公益”应该在现实中具有广泛性，在历史中具有恒久性。一个好的公益广告、公益运行模式，应该从根本上具有对这种具有广泛性和具有历史恒久性的“公益价值”的追求，才能实现公益广告或者公益传播的目标。

（2）对互益性价值的兼顾。在真正的公益实现过程中，许多事情并不是与社会的所有人相关，它是一定范围和团体内的大多数人的利益，比如一些科研机构、一些社会互助组织等。一些公益性活动是在一定范围内的资源共享、互相帮助，从严格意义上来说，属于“互益”行为，但公益传播中也往往关注和宣传这类观念和行为，将其归入“公益”的一种。因为这类“互益”与真正的“公益”理念是和谐统一、并行不悖的。因此，对互益性价值的兼顾，也是公益广告运行模式应有的题中之义。

2. 专业技术能力层面

良好的公益广告运行模式必须具备强大的专业技术支撑，在保障公益性价值的前提下，在公益广告制作和刊播上达到较高的专业水平。具体体现在以下四个方面。

（1）有进行民主化“议程设置”的能力和意愿。公益广告要体现真正的公益价值，首先得在内容上体现“公益”，这取决于传播主体机构的民主化“议程设置”能力。公益广告的“议程设置”是一个决定说什么、不说什么的过程，这个过程的决策应该体现出公众的意愿和公众的利益。因此，关注公众的意见和利益，并在公益广告“议程设置”的过程中体现出来，这是公益广告的要求之一。在互联网形成巨大的社会互动平台的前提下，在传统媒体和网络有机互动的前提下，公益广告的民主化“议程设置”具有可实现的技术前提，关键在于执行主体的组织能力和意愿。

（2）保证公益广告制作和刊播达到较高水平。无论是平面还是电视公益广告的制作，都是一项专业的创意过程，从文案的撰写、画面的选择、故事的选定、色彩的渲染等都需要较强的专业创作能力。目前我国公益广告制作一般都采取委托广告公司进行专业创作的模式，但在如何选择服务公司、进行专业沟通以及创意审核的过程中，仍然与传播主体和组织机构本身的专业水准有莫大的关系。因此，有较高的公益广告创意制作水平，也是专业技能之一。

（3）保障公益广告传播的数量。不管是否拥有媒体，一个良好的运行模式和传播主导机构都应该能够保障公益广告传播的数量，这个数量包括时间、版面、长度、频次等。保证了一定的刊播数量，才能确保公益广告在一定时间内到达受众范围，产生正面的观念导向和较大的社会影响。

（4）有对公益广告传播效果进行专业测评的能力。对广告传播效果的重视，是政府、媒体、传播学界以及各类传播主体共同关注的问题。对公益广告传播效果进行专业测评，也是公益广告传播领域很重要的一项专业技术能力，便于公益广告在主题选择、创意方式、投播媒体、传播形式上进行改进，使传播更有效。

3. 运行层面

除了公益性价值追求和专业技术能力，运行层面的保障也是一个理想的公益广告运行模式应该具备的重要条件。运行层面指的是日常公益广告传播的基本组织和协调、各类公益广告传播活动的组织和举办等，比如中央电视台就曾经举办过一系列电视公益广告大赛。运行层面的能力包括资金保障能力、流程组织和把控能力、持续传播的动力三个方面。

（1）资金保障能力。持续稳定的资金来源是公益广告持续有效运行的基本保障。良好的公益广告运行模式能通过各类合法渠道充分保证公益广告的资金来源，并确保资金的合理使用及效益最大化。而且，这些资金来源尽量应该是在不增加政府财政压力以及公众负担的基础上，面向社会募集和使用。

（2）流程组织与把控能力。公益广告的传播是一项综合性较强的传播工程，专业性强，涉及部门多，流程较为繁杂。其中既牵涉政府、主管审批部门、媒体、广告公司、企业，也牵涉许多社会组织和个人。因而一种良好的公益广告运行模式应该解决好公益广告传播的流程组织与把控问题。这很大程度上取决于公益广告的传播主体是否具有较强的流程组织与控制能力，是否能协调各个环节的关系，达到良好的传播效果。尤其是在大型公益广告活动过程中，这一点显得尤为重要。

（3）长效持续的传播动力。由于公益广告属于不直接产生经济效益的公益传播，那么如何拥有长效持续的传播动力，是公益广告持续有效发展的重要保证。目前国内外的公益广告传播，其传播驱动力不外乎三种。一是社会价值驱动力，由主导组织对公益价值的追求作为长久的驱动力，再以此为核心，组织相关社会组织、具有责任感的企业等进行公益传播。在公益组织较为发达的国家和地区，比如法国、日本等，社会价值的追求是推动公益传播的主要动力。

二是经济效益驱动力，这一驱动力量主要来源于企业对社会效益的追求，很多时候被称为“公益性商业广告”或“公益商业广告”，一般是将公益性内容和理念与企业形象结合在一起进行传播，企业通过企业形象的打造提高知名度和美誉度，从而间接获取巨大的商业利益。如英国、美国等欧美国家，其公益广告传播很大程度上依靠企业的力量。当然，企业的社会责任感、企业对公益性价值的追求也可以视为一种价值驱动力。三是行政命令驱动力，即政府出于政策宣传的需要，依靠自身及各职能部门的力量以及自身掌控的媒体资源推动公益广告的发展。新加坡、中国的公益广告传播就是如此，法国的公益广告传播中，政府也扮演了十分重要的角色。只有真正的公益价值需求，才会使公益传播获得生生不息的力量，才不会为市场和行政力量左右。从本质上说，公益是非功利的普适价值，而市场和政府的公益，都是带有目的性的公益，容易在价值追求上出现偏离。

4. 社会影响层面

模式是指某种事物或系统运行的标准样式，也是解决某一类问题或实现某一系统运行的方法论。公益广告作为社会公共传播问题，要实现公益广告持续有效传播，除了价值追求、专业技能、运行保障以外，公益广告运行模式的社会影响亦不可忽视。这一影响主要体现在，该模式主导者是否愿意实现传播流程的公开透明，模式的设置是否有利于接受公共监督，对其他公益传播形式是否具有标准化价值或重要参考价值。

（1）愿意实现流程透明，便于接受公共监督。作为一项公共沟通，主导传播机构和公益广告之间是公众代表与公共服务的关系。公益广告传播的实质是公众代表机构向公众提供公益产品（公益广告是无形的价值型公益产品）。因此，公益广告传播过程中是否能够实现流程透明，以便接受公共监督，是公益广告能否得到社会公众认可的重要因素之一。互联网平台的建立，使得公众实现监督成为可能。公益广告主题的选择即“议程设置”是否符合公众需求和愿望，公益广告资金的来源和使用去向是否清晰，公益广告创作委托的过程是否公开透明，甚至公益广告传播内容是否符合大众审美习惯、是否存在低俗问题等，都可以纳入公共监督的过程。公民的集体意志得到了充分体现，公益广告的公益性价值才可能通过最合理的流程得以实现。

（2）对其他同类公益传播形式具有标准化和参考价值。公益广告是公益传播的典型形式，却只是公益传播类型中其中的一种。除此以外，公益剧目、公益新闻、公益节目、公益评论、公益活动等都是重要的公益传播形式。而且，由于传播载体不同，又可以分为互联网公益（包括公益网站、公益论坛、公益QQ群）、公益电视、公益报纸、公益杂志、公益广播、公益户外、社区公益等形式。我们所追求的公益广告运行模式，应该对其他同类公益传播形式具有标准化意义，对整个公益传播具有重要的参考价值，才可以称为最优的选择。因此，公益广告运行模式对于其他公益传播类型的标准化和适应性，也是考察的准则之一。

第五章

价值型公益供给：几种公益广告运行模式的分析与选择

模式是指某种事物或系统运行的标准样式。模式没有对错，只有优劣之分。公益广告传播作为我国最早开始的一项公益传播事业，已有三十多年的发展历史，绝大部分时间在政府全面主导的模式下运行，而随着市场化的进一步深化、传播技术手段的多样化、社会的发展进程，市场主体、社会主体都开始深度参与公益广告传播，尤其是2008年“5·12”汶川地震所带来的巨大的社会传播及放大效应，使我们进一步确定了公益传播将迎来一个全新的发展阶段。其间，政府机构、政府主导下的媒体、个体、公益组织、企业等主体都主动、自发进入公益传播领域，成为公益广告传播主体，通过电视、报纸、杂志等传统媒体与互联网、手机等新媒体形式，发出各自的“公益之声”。尽管各主体力量不均衡，声音也参差错落，但至少一个交响乐般的“多元主体”公益传播场域正在形成。

这其中有几个重要的表征，为我们展示了公益传播的多元化格局。一是绝对全能的“政府主体”的逐步退隐。当然这种退出，并不是全部意义上的退出，而是政府职能的转变，事实上是对公益传播由全程操控到宏观管理和审查的一个转变。二是社会主体的加入。包括个体、公益组织，基于WEB 2.0技术建立的互联网互动平台加入公益传播的队伍。三是市场主体对公益传播的热衷。企业社会责任感的加强、企业形象树立的需要，及“企业公民”在社会中维护群体利益的需求等，都使得作为市场主体的企业开始热衷于公益事业，从资金、内容制作等方面介入公益传播。四是媒体机构阵营存在一定的分化趋势。媒体机构阵营在中国的分化可以说是悄无声息的。一方面，由各级宣传部门和新闻出版部门主管的电视、报刊、广播等在很大程度上仍然是政府的代言人，起着党政的“喉舌”功能。另一方面，以少数报纸为代表的主流媒体，正在朝着为“公众利益”代言的方向发展，加强了对公权力的问责和监督，加强了对市场的公开透明报道，在追求媒体和新闻客观独立的基础上，走在了大多数媒体的前面。媒体机构的这种分化，也使得以往媒体主导的公益广告或公益传播应该被一分为二地看待，而不是纯粹归入政府主导的范畴。

从传播角度来看，对于一项传播活动，传播主体的确认，即是“话语权”的确认，可能会招致某些“传者中心论”的质疑，但在大多数情况下，传播主体是谁，意味着公益传播活动的全过程由谁主导完成。传播主体决定了传播的资金来源，决定了说什么，不说什么，怎么说，通过什么渠道和媒介说，说的声音是大还是小，对什么样的受众说。当然，受众是否会接受以及接受以后产生什么效果，会采取什么样的解码方式，甚至会对传播内容产生什么样的修正和“二次传播”，并不完全是传播主体所能决定的，但在决定传播内容、传播方式、潜在的传播对象的时候，传播主体拥有主动权。因此，对传播主体的选择与确认，在很大程度上决定了公益广告运行的基本模式。

从社会公益产品或公共产品的提供来看，公益产品或者公共产品的供给模式的选择，其本质也是对供给主体的选择：由谁来提供，通过什么样的方式提供，是否接受社会监督等。这其中，由谁来提供是最关键的选择。主体决定了其价值追求，决定了其资金来源、提供方式、提供流程等要素。

在公益传播可能的“百花齐放”局面到来的前期，公益广告传播主体的多元化介入，一定存在诸多复杂的因素。多元主体尽管以传播公共价值、传递公益观念、促进公益事业的旗号进入，但在公益传播的过程中，自身的立场和利益会不可避免地表达出来，从而在不同主体间可能出现公益价值的冲突，造成价值混乱。正如商业公益广告一样，公益观念和商业目的并存，它们在价值追求上隐含功利和非功利的冲突，但在具体形式上却和谐存在。除此以外，可能还有更多我们不能列举的复杂问题。但“百花齐放”的局面，仍然是值得欣喜的，其价值在于它打破了长期以来的全能政府对公益广告传播的绝对主导地位，使得公益广告传播在社会进程中呈现出前所未有的开放性和多元性，这种开放性为公益广告的飞跃式发展带来了生机。

第一节 决策的理论前提：作为社会价值型公益产品的几种供给模式

中国公益广告传播发展的困境，尽管有许多学者关注到，但似乎由于对公益广告本身所牵涉的公益传播领域的漠视，公益广告的运行模式并未真正受到重视：几乎所有较为深入的讨论都拘囿于公益广告本身，包括其议题设置、创意制作、传播媒介、微观的运行机制甚至社会效果测评，没有将其置于公益传播的更大语境中，因此，研究很难超越。事实上，在传播研究领域之外，公共管理研究的进展，尤其是对社会“第三部门”的研究以及对社会公益产品的提供机制的研究，为我们从外部审视公益广告的传播困境提供了新的思路。让公益广告在传播学与公共管理的学科边界之间，确定发展方向，就要在传播学角度和公共管理角度之间，跨越学科边界，为公益广告传播，也为公益传播寻找一种新的运行模式。这种运行模式不管是部分既存的现实还是将来可能出现的理想状态，对于公益传播都有举足轻重的作用。

1. 传播学者对公益广告发展出路的探讨

中国公益广告尽管只有的三十多年的发展历史，但其实践探索已经远远超越了广告的发展范畴，超过了国内目前的广告研究理论可以覆盖的范畴。从一开始处于制度化的控制之下，到改革开放走向纵深以后，制度化的模式已经开始阻碍公益广告的全面发展。市场化的发展要求许多企业在媒体和政府的引导下加入进来，从资金和创意制作各个层面深度参与公益广告的传播。紧接着又由于诸多重大公共事件和灾难事件的出现，使得公益广告的传播全面走向社会领域，诸多个体和公益组织参与到公益广告的传播中来，并开始有意识地主导公益广告传播。传播学者们敏感地意识到了公益广告在近几年来发生的重大变化和走向，对公益广告处于发展“十字路口”的困境进行了多角度的探讨。与原有公益广告的政府主导不同，许多学者和业界的看法呈现出多样化的趋势，表明公益广告走到了一个需要做出抉择的十字路口：在这种情况下，公益广告或者说公益传播该走向哪里？是进一步制度化？还是转向市场化？还是让其回归社会本身？

传播学者们对公益广告发展走向的看法主要有几种：

（1）进一步制度化。即将政府现有的公益广告管理方式进一步规范化，主张政府建立全面的管理机构，甚至立法来进行公益广告的规范管理，保证公益广告的长远持续发展。张敏在《公益广告的困境与出路》一文中“建议由中宣部或精神文明办出面，会同国家工商总局共同设立专门组织‘中国公益广告基金会’，作为公益广告活动主体”，基金会的资金募集应该“符合市场营销原则”，他还建议“争取专门立法，制定专业标准，加强监督管理”[①]。郑文华则

---

① 张敏. 公益广告的困境与出路［C］//2008 年度上海市社会科学界第六届学术年会文集（政治·法律·社会科学卷）. 上海：上海社会科学界联合会，2008：23.

主张修改现行《广告法》，以加强公益广告的规范和监管。① 左明霞在《我国公益广告运作模式初探——兼谈国外公益广告运作模式》一文中也认为我国应该实行"政府主导的，企业、慈善公益组织、媒体、广告公司共同参与的公益广告发展模式"②，其实质就是将政府主导的模式进一步固定和制度化。但综合前面提到的公益广告发展的大环境而言，进一步制度化与政府的职能改革和"有限型""服务型"政府的发展趋势之间是存在矛盾的。

（2）转向市场化。将公益广告的主导职能从现有的政府转移给市场，由作为市场主体的企业来进行拉动，既解决公益广告发展中最大的问题——资金，也让企业获取公益传播最大的动力——企业形象及价值传播带来的巨大经济利益。与主张公益广告进一步制度化的主要为资深研究者不同的是，主张公益广告转向市场化的，以年轻研究者居多。孙小兵在《商业化运作——未来公益广告发展之路》一文中认为广告是市场经济发展到一定阶段的产物，而"公益广告是广告发展到一定阶段的产物"，因此，"公益广告的发展必须遵守市场经济的规律""要正确地面对公益广告的商业性"③。政府只需要扮演好组织者和管理者的角色，鼓励企业在公益广告上做文章，鼓励专业的广告公司和媒体在公益广告上加大投入。此外，聂艳梅④、司晓晖⑤等人都主张公益广告转向市场化运行模式，并对公益广告的市场化提出了相关策略。如果仅仅由于政府在公益广告运行中的局限，就期待将公益广告转向全面市场化的路线，是存在巨大风险的。首先，在"百年老店"比较缺乏的中国企业界，企业关心更多的仍是自身的发展，尽管它们对环境与社会公益也有一定程度的关注，但是这种关注仍然建立在自身利益的基础之上，一旦公共利益与企业利益出现冲突，公共利益很难得到保证。因此，陶传进在《社会公益供给：NPO、公共部门与市场》一书中论证，市场主导的社会公益产品供给与公益产品的价值追求完全不符，这是要求"私益人"做"纯公益人"的事业，在必要的时候要求"私益人"放弃自身的私益，不可能真正实现公益价值。陶传进的阐述直截了当："市场化只解近渴，最终，我们在过于依赖市场的时候，需要考虑能否承受失去公益人的代价……真正难以拒绝的社会变革趋势是市场化。由于完成了政府的一个

① 郑文华. 公益广告的运行机制［J］. 当代传播，2003（1）：70.

② 左明霞. 我国公益广告运作模式初探——兼谈国外公益广告运作模式［J］. 黄冈师范学院学报，2008（12）：88.

③ 孙小兵. 商业化运作：未来公益广告发展之路［J］. 中国广告，2008（8）：151.

④ 聂艳梅. 我国公益广告传播的市场化策略研究［D］. 厦门：厦门大学，2001.

⑤ 司晓晖. 我国电视公益广告的市场化运营研究［D］. 大连：大连理工大学，2008.

‘不光彩’的‘中介’地位：政府取代了社会之后，自己并不能胜任，又将之转让给了市场。……而市场化成为继制度化之后，第二个对于公益人的毁灭性力量。”[①] 陶传进意识到市场化在社会公益产品提供中对于政府全能困境的难以拒绝的吸引力，但是同时也警示和论证了市场化的狭小价值空间所带来的毁灭性力量，指出以公共利益为价值追求的公益广告采取市场化的运行模式承担着不可估量的巨大风险。

（3）将公益广告视为公共传播，但却没有明确提出公益广告的主导模式，主张在制度化和市场化中寻找一条“中庸之道”。从目前的研究现状来看，支持这一路径的学者不少。陈刚早在2005年就提出了公益广告的“公共传播”性质[②]，此后，在《变革运行机制——重塑中国公益广告发展构架》一文中，陈刚等人陈述了公益广告的“公共传播”性质，比较了国外的“社会主导型”“企业主导型”“媒体主导型”等发展模式，并没有确切指明中国公益广告应该继续走制度化还是市场化的路线，只是认为中国公益广告应该“成立公益广告管理机构”，使空洞的传播主体落到实处，应该“由媒体自主安排和组织公益广告的发布”“鼓励意见广告类型的公益广告的发展”[③]，其实质是由政府出面，成立公益广告管理的专门机构，将政府、媒体、企业三者的力量整合起来，发展公益广告。这是一种看似融合了诸多因素的“中庸之道”，对于公益广告的出路，仍然不具有明确的导向意义，也缺乏长远的建设性，最后很有可能仍然出现利益的不一致、主体的空洞化、职责的互相推诿等一系列问题。

（4）建立公益广告发展的社会机制。公益广告发展的社会机制的提出是建立在对政府、市场能否全面代表公共利益的质疑基础上的。张惠辛认为：“影响中国公益广告发展的最根本原因之一是社会机制没有建立起来。参考法国、英国、瑞士、日本等国家，我们可以发现一些值得借鉴的东西。他们的公益广告不用政府去推动，自然地形成一个公益广告的热潮，我一直在思考这是什么样的机制在背后起作用。我认为合适的社会化机制是解决中国公益广告问题的关键。而央视除了组织与播放公益广告外，还可以在公益广告社会机制的建立中担当重要的使命。我建议中央电视台扛起公益旗帜，与国家相关单位，以日本委员会为模板，共同发起成立中国公益广告指导委员会，每年也发布一个指

---

① 陶传进．社会公益供给——NPO、公共部门与市场［M］．北京：清华大学出版社，2005：394，399。

② 陈刚．公共传播与公益广告［J］．广告大观（综合版），2005（4）：115－116.

③ 陈刚，崔彤彦，季尚尚．变革运行机制——重塑中国公益广告发展构架［J］．广告大观（理论版），2007（2）：19.

数，对企业的公益活动进行评估，这样也会直接促进很多企业和媒体加入。中国公益广告的问题就是无法确定组织者、赞助者、创意者、发布者，如果能引进这样的机制，我认为这些问题也会得到解决。在这其中，政府可以指导，但是政府直接介入的话并不是好办法。”①

在目前的环境下，公益广告传播的走向仍然充满诸多不现实和不确定的因素。即使在政府政策层面，有关公益广告传播的政策走向也依然模糊不清，政府对公益广告的“管”与“放”仍然处于欲说还休的暧昧状态。只有实践依然在多元化地演进和前行：有政府体制化的主导和监管，有市场化的尝试，也有社会力量的大量参与，但又不全然是市场化或社会化。对于目前的公益广告传播现实来说，实践虽然纷乱，而理论却必须清醒。最终，唯有时间能见证一切。

2. 公共管理学者的论证：社会公益产品的几种提供模式

传播学者对公益广告的研究局限于传播领域，是公益广告乃至公益传播的研究难以在理论上获得超越的原因之一。而公共管理学尽管没有将具体的公益广告传播纳入其研究范围，却从社会公益产品提供层面为公益广告运行模式的研究提供了新的思路和视角。本书第二章论述过，公益广告是一种社会价值型公益产品。在社会结构三分法前提下，公共管理学界认为公益产品的提供主体主要是三个部门，三类主体分别是公共组织、市场营利主体和 NPO。② 当然，这里的公共组织指的是政府相关职能机构。“三类主体也分别对应着宏观社会的三个部门，三个部门都能提供社会公益物品，相应的问题便由此产生。”③没有任何理由证明公共服务必须由政府机构来提供，私人企业、非营利组织、半独立的公共企业一样可以提供公共服务。只是在特定的情况下，对某些特定的公共服务来说，某一类组织会比其他组织做得更好。

这三种公益产品的提供模式事实上是由三类提供主体决定的。

（1）制度化公益：公共组织提供社会公益产品。在公益产品的供给上，公共组织在这里是指政府职能机构以及政府行政管辖下的事业单位，是与政府机关、国有企业并列的最重要的组织之一。而中国的公益产品在很长时间内就是由政府职能机构及其管辖下的事业单位在提供的，比如医疗卫生、教育、社会

① 张惠辛. 建立促进公益广告发展的社会机制［J］. 中国广告，2009（2）：83.
② 陶传进. 社会公益供给——NPO、公共部门与市场［M］. 北京：清华大学出版社，2005：13.
③ 同上。

文化服务、科学研究、媒体传播。本书第三章将媒体主导的公益广告传播归入政府主导型模式就是基于政府与事业单位的关系。中国在市场经济发展不充分的条件下，社会公益产品基本是由政府及其管辖下的事业单位提供的，但无论从数量上还是质量上，社会公益产品的提供非常有限，而且主要集中在慈善领域，导致中国公益事业的发展十分缓慢。在中国传统的国家观念惯性下，以政府职能部门为代表的公共组织提供社会公益产品，被视为最理想的模式，但当市场经济逐步走向深化，对制度化公益提供形成冲击的时候，许多公共组织的性质开始发生根本性改变。“公益人退化为私益人之后，出现了两个方面的根本变化。变化之一是制度公益人由追求公共利益最大化变为追求组织自身的利益最大化；变化之二是，在私益人条件下，原有的组织机构不再成为激励他们的有效场所，为了提高效率，需要一种激励私益人的最佳制度：市场机制。”①因此，新的社会公益产品提供模式就自然而然地被提出来，市场化公益成为弥补制度化公益最大不足的一种选择。

（2）市场化公益：市场主体提供社会公益产品。市场化公益在中国的出现基于两个大的背景：一是中国社会转型期改革开放的进一步深化，二是市场化的进一步深入。正在上升阶段的市场化无论在资金的提供、效率的保障，还是社会公益产品提供的愿望上，都被公众所认知。“对于那些持有更现实思路的人来说，在社会只有政府和市场这第一、第二组分的情况下，市场化便是公益服务提供的时代趋势。”② 一方面，企业良好形象的树立使得企业在自身社会角色的确认上找到了出口；另一方面，企业形象的塑造使企业在无形中获取了经济利益。而正在寻找为公益产品提供出路的公共组织，为了摆脱效率的困扰、社会对公益人的监督、自身追求私益的冲动等困境，发动了一场改革，比如政府职能削减、事业单位改制、在公共事业建设中引入市场主体、运行市场机制。这一改革开辟了公益产品市场化提供的路径，使得中国公益产品提供百花齐放，又乱象丛生。

市场化公益尽管在当下的中国方兴未艾，其强大的私益刺激带来的持续动力使得市场化公益模式在许多领域受到青睐，但市场化公益的价值困境几乎是难以摆脱的。医疗改革的失败、民办教育的混乱，这些让公众不堪忍受的事实使得市场化公益也一样前途未卜。陶传进认为：“社会公益提供主体绝不是围绕着市场来行动的，他们甚至认为，即使是理想的市场运作，也未必能够带来

① 陶传进. 社会公益供给——NPO、公共部门与市场［M］. 北京：清华大学出版社，2005：101.
② 同上，第393－394页。

社会公共利益的最大化。有那么多的现实就摆在那里，他们不会看不到市场所带来的财富是多么不均等地集中到少数人手中，物质财富又是如何转化为权利的不平等，以及市场经济体系所能创造出的价值多么的狭窄、局限。”① “市场化本身就是导致制度公益退化的深层原因，由于市场化将公益人消失，就必然出现制度公益加剧退化的趋势。市场化成了比制度化更为强大的致使公益人退化的力量。”② 最后结果是：“营利领域里的逻辑如果也搬到非营利领域里来，将导致严重的问题。”③

除了价值困境，“在以市场化方式提供社会公益的深度发育阶段，还会出现新的公益提供效率问题，比如，由于市场本身不存在市场之外的价值，价值公益难以有效提供，教育内涵的变化就是例证；再如，市场效率使得社会公平受到极大的侵害，慈善型公益只成了修补市场体制窟窿的一个‘补丁’；还有，市场的营利动机扭曲了社会公益的提供”④。

现实中我们也看到，在 2010 年秋冬之际的柴油荒出现之时，作为国家公共组织和市场主体双重身份的国有企业，其社会责任被重申，舆论要求国有企业应该在社会公共产品的提供上承担重要的责任，不能只顾一己之私，这不能不说是一个莫大的讽刺。

(3) 社会化公益：NPO 提供社会公益产品。

市场化进程快速推进的中国，社会化公益无论从理论还是实践上始终处于边缘化地位。这与中国所处的社会发展阶段不无关系。尽管此前（2008 年“5·12”地震之前）有许多学者从理论上提出了社会提供公益产品的思路，但在实践中依然举步维艰，个人意识依然不成熟，各类 NPO 依然在极其边缘和有限的领域内活动，只是社会公益产品提供的补充性主体。2008 年“5·12”地震这一重大灾难事件的发生，似乎在一夜之间刺激了中国的民间力量，客观上又给公益产品的社会化供给思路打开了窗户。由公益人提供社会公益产品成为制度化困境和市场价值困境之外的新选择。由公益人主体提供的社会公益产品，不仅解决了私益人提供公益产品的价值困境问题，也为公益产品的多样化提供了可能。比如社会公益中的慈善与维权型公益，恰好是市场私益人追求的对立面，甚至公共组织中私益的对立面。作为存在私益冲突的政府职能部门、市场主体，不可能“左右手互搏”，提供这些类型的公益产品。而价值型公益

① 陶传进. 社会公益供给——NPO、公共部门与市场 [M]. 北京：清华大学出版社，2005：24.
② 同上，第 394 页。
③ 同上，第 24 页。
④ 同上，第 394 页。

"实际上是在提供市场以外的价值，必须由公益人主导提供"①。

当然，公共管理学者在寄希望于NPO以外，还将社会公益产品的提供寄希望于社会权威性的文化价值体系的建立。"既然市场化与制度化都有严重的局限性，就需要寻找'政府—市场'二分法之外的新的成分。答案是，沿着'社区→组织→政府'相反的方向回归；构建一个权威性的文化价值体系。"②

3. 社会公共产品提供与公益广告研究的结合

事实上，将新公共管理中社会公共物品的供给理论引入公益广告研究来探讨公益广告运行模式，个别研究者已注意并进行了初步的探索。司晓晖认为："在传播学、广告学、媒介管理理论、经济学等科学理论的基础上，尝试将新公共管理理论引入公益广告领域，将电视公益广告放入公共物品的视域下，分别从公共物品的社会责任理论、公共物品的服务市场化理论、公共物品的生产与供给理论等方面为探讨电视公益广告市场化运营寻找理论依据。本文借鉴电视媒介管理思想、文化产业发展和改革理论，参照三种不同的国际电视公益广告运营模式，为我国公益广告的理论研究开辟新的思路。"③ 但十分可惜的是，司晓晖的研究有两个局限，一是他没有对社会公共物品与社会公益进行进一步的区分，没有意识到两者在"公益性价值"追求上的根本不同；二是他没有进一步深究公益广告在社会公共物品序列中与其他社会公共物品的区别——作为社会价值型公益产品所具有的特殊性。因此，和普通社会公共物品一样，公益广告在司晓晖的论文里被新公共管理的研究视角引入了全面市场化运营的理论发展轨道，其结果就是社会公共物品供给理论对公益广告运行模式的支持显得牵强附会，理论基础不足。

4. 尚未进行的探讨：公益广告作为社会价值型公益产品的特殊性

从传播学者研究公益广告的发展出路与公共管理学者研究社会公益供给这两个不同的路径中，我们发现了一些类似的内容：制度化、市场化、社会化（或部分社会化）。也许由于中国传媒控制的特殊性，传播学者在研究公益广告发展的时候，虽然也关注到了社会力量在公益广告传播上的重大影响，但尚不敢提出类似于少数欧美国家的社会化发展路径。这源于中国公益广告发展的历

① 陶传进. 社会公益供给——NPO、公共部门与市场［M］. 北京：清华大学出版社，2005：396.

② 同上。

③ 司晓晖. 我国电视公益广告的市场化运营研究［D］. 大连理工大学，2008：摘要Ⅰ.

史现实以及传播学界对公益广告的研究存在的几个混淆。

（1）历史现实。中国公益广告发展的历史现实是从一开始政府掌控，走制度化路线，到处于十字路口，出现多种可能，有进入市场化阶段的理论研究倾向和政策导向。当制度公益的提供者实际成为私益人的时候，制度公益则退居幕后，政府的公共职能需要转让给市场。但是社会价值型公益的提供应该走向的是公益传播的“编外主体”，直至确立最终的超越性的“权威文化价值”。

（2）公益广告传播与政策宣传的混淆。由于许多公益广告传播的是某些社会观念，传播的是政治价值观、社会价值观、文化价值观与市场价值观，因而公益广告在许多时候被视为政策宣传的一部分，各级宣传机构、广电媒体、新闻出版机构等都必须完成相应的公益广告传播任务。而事实上，公益广告更多的是传播社会价值观和文化价值观，较少涉及政治层面和市场层面。本书第二章我们在区分公益广告类别的时候，也就此做过详细分析。因此，公益广告更多关注社会公共价值。

（3）某些公益广告与商业广告的边界过于暧昧。在市场营销实践中，商业广告为了实现其传播效果，达到营销目的，花样百出，其中的“社会营销学”经常搭上公益广告传播的“便车”，使得公益广告与商业广告模糊不清，雌雄难辨。社会营销学认为，营销企业不仅要为企业获取利润、满足消费者的需求，还要兼顾整个社会的长远利益。社会营销学在实践和理论中设计、执行及控制各种方案，以促使目标群体接纳某些社会观念、主张或做法。因此，现实中商业广告对公益广告的渗透和参与的案例十分常见，而且往往能获得较好的传播效果，实现传播者的商业利益。正是在这一实践背景下，市场化被视为公益广告发展的必经之路，一些学者提出公益广告发展走市场化路径就不足为奇了。

但理论研究的价值，除了对实践的总结与提升以外，更在于它对现有实践的超越和前瞻。因而，我们必须在考量公益传播与社会公益产品供给的基础上，进一步考察公益广告作为社会价值型公益的特殊性，为公益广告的发展提供支撑。

（4）公益广告作为社会价值型公益的特殊性。

其一，公益广告应该提供市场与私益人政府以外的社会公共价值。基于价值型公益相对于公共物品型公益、慈善与维权型公益的独特特点：公益广告提供市场与私益人政府以外的社会公共价值，因此，对于价值类型受限的市场和私益人政府而言，它们只能提供市场价值或私益价值，价值型公益必须由公益人主导提供。

其二，公益广告是一种面向大众的传播行为，在提供社会价值的同时，也意味着获取某种公共权力。一般而言，传播的供给主体即是权力主体。获取了公益广告这一价值型公益产品的提供资格，即是获取了公共权力，意味着在许多利益冲突场合为公众代言。而这正是政府主体和市场主体都梦寐以求的：代言公共利益，获取传媒影响力，最终实现自我利益。但公共权力只有掌握在广大的公众手中，才能真正称其为公共权力。

其三，首先，正是因为不同价值体系下的共同利益难以寻找，公益广告才应该在不同的文化类型之间，在政府与市场以及民众和社会团体的平衡中，提供多样化的价值空间。其次，即使在同一文化体系下，不同的社会部门、社会主体也拥有不同的价值出发点，因而在传播上可能出现价值多元和传播角度差异。每个人、每个团体和组织都希望自身提供的文化价值观被他人接受，因而希望通过各类途径进行传播。因此，作为社会价值的提供载体之一，公益广告应该尽量避免成为单一利益集团或利益主体的代言人。从这个意义上而言，不管由谁主导公益广告传播，公益广告传播都应该寻找社会价值的“最大公约数”，寻找共同认可和广泛接受的公共利益，作为公益广告的价值追求，以实现社会公共利益的最大化。

第二节　几种模式的评价：公益广告运行模式评价指标的建立

任何评价体系的建立都有具体的存在环境，评价和决策者的价值观、社会制度的客观存在、现实制约因素，都是这个体系建立的重要背景甚至依据。一个评价体系的建立，蕴含着体系建立者和决策者对评价对象的理想化构想，蕴含着重要的价值取向和需求。因而，对一个模式的优劣评价，从根本上来说取决于决策者的需求以及对模式应该产生的效果的期待。因此，如果要建立公益广告运行模式评价指标，不能忘却的前提是，指标的建立是基于公益广告的公益传播本质，以追求公益价值最大化为前提的。因此，本书试图进行一次以主观分析判断为前提、以相对量化的指标为技术手段的评价尝试。任何进行研究的个人都不是公益广告运行模式的最终决策与选择者，甚至也很难准确判断在未来的实践中，在政府、市场以及社会主体之间，谁能为公益传播提供最终决策。但是研究一是可以从理论上坚持对公益传播本质的追求，二是至少可以从质化研究的层面，将价值判断进行量化评价，用评价指标体系的建立，为将来既“百花齐放”也更加纷繁复杂的公益广告传播提供一个可资借鉴的参考。

公益广告传播在纷繁多样的传播现象中，可以视为一个相对独立的传播系统，在这个系统中，政府、市场、社会组织乃至个人，都扮演着各自不同却又经常互换和变化的角色。这个复杂系统究竟应该采取何种运行模式，有赖于一个相对科学的决策。在本书第四章我们对一个相对优化的公益广告运行模式应该具备的基本特征进行了分析，但这些应然性的评价指标各自的重要程度如何，在评价体系中占据什么样的权重，需要一个可以量化和固定下来的方法，才便于对不同的公益广告运行模式进行最终的优化选择。本章采用美国运筹学家萨蒂（T. L. Saaty）提出的层次分析法（Analytic Hierarchy Process，简称AHP）。层次分析法是一种解决多目标的复杂问题的定性与定量相结合的决策分析方法。该方法将定量分析与定性分析结合起来，用评价者的经验判断各衡量目标能否实现的标准之间的相对重要程度（采用1—9标度方法），并合理地给出每个决策方案的每个标准的权数，利用权数求出各方案的优劣次序，可应用于那些难以用定量方法解决的课题。由于层次分析法不仅可以用于赋予权值，而且还可以进行最终决策判断，因此被广泛运用于政策制定、工程计划、城市规划、资源分配、企业绩效管理、人力资源选择、科研评价等领域。

运用层次分析法的过程中，有多种软件途径和计算方式可以解决层次分析法的问题。最常见的是运用层次分析法分析软件，比如AHP 5.0、YAAHP等，用我们常用的EXCEL软件中的函数功能也能简便有效地解决层次分析法中的计算问题。① 本节采用EXCEL软件进行分析。一是EXCEL形式便于理解，可以较为清晰地呈现整个计算过程，对计算中的矩阵一致性校验也十分方便；二是采用常见的软件，更具有贴近性。此外，层次分析法的计算方法有多种，比如“和积法”和“方根法”，本节采用“方根法”。

层次分析法大体可以分为以下四个步骤：（1）建立层次结构模型；（2）构造判断（成对比较）矩阵；（3）层次单排序及其一致性检验；（4）层次总排序及其一致性检验。本节对公益广告运行模式的评价和优先选用层次分析法分析如下。

1. 公益广告运行模式评价指标

根据第四章中对相对理想的公益广告运行模式的判断和描述，建立的评价指标如表5—1：

---

① 先锋．用电子表格（EXCEL）实现层次分析法（AHP）的简捷计算［EB/OL］．（2004—05—03）［2020—06—28］．http://www.paper.edu.cn/releasepaper/content/650.

表 5-1　“公益广告运行模式”评价指标

总体指标	二级指标
价值追求	对公益性价值的追求
	对互益性价值的兼顾
专业技术水准	民主化议程设置
	专业公益广告制作水平
	公益广告传播数量的保证
	专业测评广告传播效果
运行机制	资金来源保障
	流程组织及把控
	长效持续的传播动力
社会影响力	流程透明，接受公共监督
	对其他公益传播具有标准化和参考价值

2. 建立公益广告运行模式评价模型

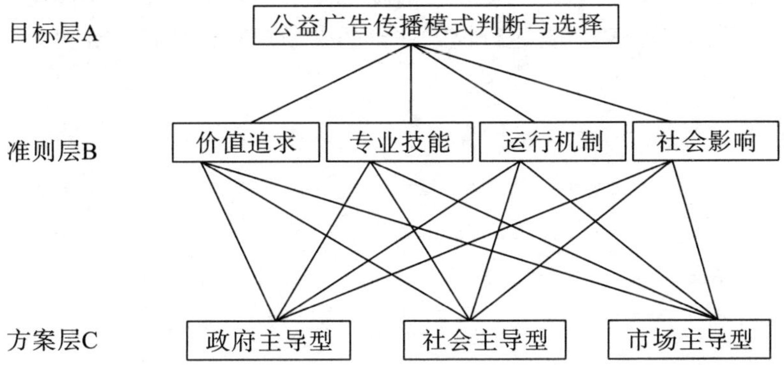

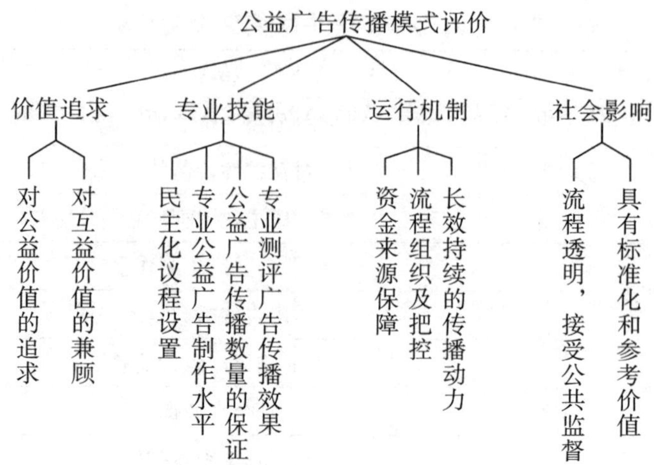

3. 建立公益广告运行模式判断矩阵

建立评价模型后，接下来根据萨蒂 1—9 标度方法，构建公益广告运行模式判断矩阵，进行准则层单排序，并进行一致性检验。使用 EXCEL 软件，准则层判断矩阵的建立、权重计算以及一致性校验可以在一个表格中进行，还可以将计算过程及一致性校验过程较为清晰地呈现出来，既节约了篇幅，也使得计算更为简便。对公益广告运行模式评价的判断矩阵、权重计算机一致性检验详见表 5—2 至表 5—6。

表 5－2　准则层对目标层的判断矩阵及单排序和一致性检验

公益广告传播模式评价	价值追求	专业技能	运行机制	社会影响	按行相乘	开 n 次方	权重 Wi	Awi	Awi/Wi	$CI=(\lambda-n)/(n-1)$	CR=CI/RI≤0.10	n=4；RI=0.90	λ≥n
价值追求	1	6	2	4	48	2.632148026	0.519819876	2.081969463	4.005175				
专业技能	1/6	1	1/3	1/2	0.027777778	0.40824829	0.080624484	0.323720627	4.015165				
运行机制	1/2	3	1	2	3	1.316074013	0.259909938	1.040984732	4.005175				
社会影响	1/4	2	1/2	1	0.25	0.707106781	0.139645702	0.560804608	4.015910				
						5.063577111			4.010356	0.003452092	0.003835658		

表 5－3　价值追求指标

价值追求指标	公益性价值追求	互益性价值兼顾	按行相乘	开 n 次方	权重 Wi	Awi	Awi/Wi	$CI=(\lambda-n)/(n-1)$	CR=CI/RI≤0.10	n=2；RI=0	对总目标的权重
公益性价值追求	1	7	7	2.645751311	0.875	1.75	2				0.454842
互益性价值兼顾	1/7	1	1/7	0.377964473	0.125	0.25	2				0.064977
				3			2	0	0		

表 5−4　专业技能指标

专业技能指标	民主化议程设置	专业公益广告制作水平	传播数量的保证	专业测评广告传播效果	按行相乘	开 n 次方	权重 Wi	Awi	Awi/Wi	$CI=(\lambda-n)/(n-1)$	CR=CI /RI≤0. 10	n=4；RI=0. 90	对总目标的权重
民主化议程设置	1	2	4	6	48	2. 632148026	0. 494876462	2. 015179594	4. 072086166				0. 039899159
专业公益广告制作水平	1/2	1	3	5	7. 5	1. 65487546	0. 311137103	1. 262617825	4. 0580754				0. 025085268
传播数量的保证	1/4	1/3	1	3	0. 25	0. 707106781	0. 132944841	0. 543501105	4. 08816994				0. 010718609
专业测评广告传播效果	1/6	1/5	1/3	1	0. 011111111	0. 324667915	0. 061041593	0. 250063371	4. 096606231				0. 004921447
						5. 318798182			4. 078734434	0. 026244811	0. 029160902		

表 5−5　运行机制指标

运行机制指标	资金来源保障	流程组织及把控	长效持续的传播动力	按行相乘	开 n 次方	权重 Wi	Awi	Awi/Wi	$CI=(\lambda-n)/(n-1)$	CR=CI /RI≤0. 10	n=3；RI=0. 58	对总目标的权重
资金来源保障	1	3	2	6	1. 817120593	0. 53961455	1. 623809568	3. 009202713				0. 140251184

续表5—5

运行机制指标	资金来源保障	流程组织及把控	长效持续的传播动力	按行相乘	开 n 次方	权重 Wi	Awi	Awi/Wi	$CI=(\lambda-n)/(n-1)$	CR=CI/RI≤0.10	n=3；RI=0.58	对总目标的权重
流程组织及把控	1/3	1	1/2	0.166666667	0.550321208	0.163424119	0.491776301	3.009202713				0.042475553
长效持续的传播动力	1/2	2	1	1	1	0.296961331	0.893616843	3.009202713				0.077183201
					3.367441801			3.009202713	0.004601356	0.007933373		

表 5—6　社会影响指标

社会影响指标	流程透明便于接受公共监督	对其他公共传播具有标准化和参考价值	按行相乘	开 n 次方	权重 Wi	Awi	Awi/Wi	$CI=(\lambda-n)/(n-1)$	CR=CI/RI≤0.10	n=2；RI=0	对总目标的权重
流程透明便于接受公共监督	1	1/2	0.5	0.707106781	0.333333333	0.666666667	2				0.046548567
对其他公共传播具有标准化和参考价值	2	1	2	1.414213562	0.666666667	1.333333333	2				0.093097135
				2.121320344			2	0	0		

上列表格中，通过相同的方式既计算了一级指标相对于目标层的权重，也计算了二级指标相对于单个一级指标的权重。上面的判断矩阵均通过了一致性检验，即 CR≤0.10。因此，判断矩阵是具有一致性的有效矩阵。

在这个计算过程中，应该注意以下几个问题：

其一，建立的判断矩阵是正反互阵。

其二，本节采用的权重计算方法是方根法。

其三，一致性检验指标：$CI=(\lambda-n)/(n-1)$。其中，最大特征根 λ 是 Awi/Wi 的平均值。一致性比率 $CR=CI/RI$。其中 RI 是随机一致性指标，本节采用的是萨蒂的 RI 表格①。

其四，对于公益广告运行模式评价产生直接影响的结果是各层权重指标 Wi，是判断各指标在评价公益广告运行模式中重要性程度的量化权值。

4. 公益广告运行模式评价指标权重排序

根据上文公益广告运行模式评价各项指标的权重指标，在模式评价中，各项指标的权重及先后排序见表 5-7。

表 5-7 一级指标权重及排序

排序	总体指标	对总目标的权重 Wi
1	价值追求	0.5198
2	运行机制	0.2599
3	社会影响力	0.1396
4	专业技术水准	0.0806

① 萨蒂的表格为：

n	1	2	3	4	5	6	7	8	9	10	11
RI	0	0	0.58	0.90	1.12	1.24	1.32	1.41	1.45	1.49	1.51

表 5－8　分解的二级指标权重及排序

排序	二级指标	对一级指标的权重	对总目标的权重
1	对公益性价值的追求	0.875	0.4548
5	对互益性价值的兼顾	0.125	0.0650
8	民主化议程设置	0.4949	0.0399
9	专业公益广告制作水平	0.3111	0.0251
10	公益广告传播数量的保证	0.1329	0.0107
11	专业测评广告传播效果	0.0610	0.0049
2	资金来源保障	0.5396	0.1403
7	流程组织及把控	0.1634	0.0425
4	长效持续的传播动力	0.2970	0.0772
6	流程透明，接受公共监督	0.0333	0.0465
3	对其他公益传播具有标准化和参考价值	0.06667	0.0931

第三节　几种公益广告提供模式的分析与选择

从目前国际上通行的几种公益广告提供模式来看，包括以下几种类型：社会主导型、企业主导型、媒体主导型。直接由政府主导进行公益广告制作和发布的较为少见。而且在媒体主导型与政府主导型之间，又与各国的传媒体制有紧密的关系。在实行公共传播体制的一些欧美国家，媒体主导与政府主导有本质的区别。而就我国公益广告而言，由于传媒体制的原因，政府主导与媒体主导进行的公益广告传播，并没有本质上的区别。第三章我们已经阐述过，我国绝大多数媒体主导的公益广告都可以归入政府主导的范围。

从社会公益供给的角度，陶传进在《社会公益供给——NPO、公共部门与市场》一书中对制度化供给、市场化供给以及社会化供给几种模式进行了理论上的阐述和论证。本书也借鉴了他的一些看法，并将其运用到公益广告传播领域，进行了几种模式的初步探讨。上一节运用层次分析法，建立了公益广告的评价指标体系。本节我们尝试运用这个指标体系，对我国公益广告的几种运行模式进行具体分析。

需要说明的是：

第一，评价指标体系的建立是秉承公益广告根本的价值追求——公共利益最大化的原则来设立的。

第二，对具体的公益广告运行模式进行评价，是在具体的社会背景中进行的，也就是说，评价立足点是我国公益广告的发展现实。

第三，要运用层次分析法，需要在评价指标体系中对每一公益广告运行模式进行判断，并赋予其分值。本节采用 5 分制，将每个评价指标分为 5 个评价等级。分值越高，代表评价等级越高。因此，通过评价体系得分最高的，即是可以优先选择的公益广告运行模式。

第四，5 个评价等级的分值，具有一定的主观性，没有达到层次分析法中根据专家组的评价意见进行判断和赋值的高度。因此，本节会进一步为某些赋值通过标注的方式进行阐释。

1. 公益广告运行模式评价等级划分

表 5—9　公益广告模式测评等级划分

目标	评价指标	评价等级（分值）				
		5	4	3	2	1
公益广告运行模式评价	对公益性价值的追求	本身为公益组织或包括公益组织	在一定程度上能代表公共利益	能代表大部分群体利益	能代表部分群体利益	只代表自我利益
	对互益性价值的兼顾	自身为互益组织或包括互益组织	代表多个群体利益	代表某一群体利益	/	只代表自我利益
	民主化议程设置	拥有广泛的公众号召力	公众号召力较强	在部分领域存在公众号召力较强的个体	根据主观判断进行议程设置	随意设置议程
	专业公益广告制作水平	自身为公益广告制作专业机构	有固定合作的、高水平的公益制作机构	有足够的资金委托专业制作机构	部分委托专业制作	无任何专业制作可能

续表 5—9

目标	评价指标	评价等级（分值）				
		5	4	3	2	1
公益广告运行模式评价	公益广告传播数量的保证	拥有多样化的公益传播渠道	自身为主流传播机构或媒体	能掌控主流传播机构	拥有部分传播机构	拥有少数几种传播渠道
	专业测评广告传播效果	自身为专业广告测评研究机构	有固定合作的、高水平的测评机构	有足够的资金委托测评机构	委托低水平测评机构	无法进行专业测评
	资金来源保障	自身拥有资金	拥有外在的固定的资金来源	依靠外在渠道获得资金	只能获得零散社会资金	无法获得任何资金
	流程组织及把控	自身拥有公益传播相关的固定的层级执行组织	对公益广告相关流程及组织拥有全盘把控和协调能力	对公益广告相关流程及组织能部分把控和协调	/	无流程组织把控能力
	长效持续的传播动力	强大的社会价值驱动力	经济效益刺激	行政命令执行	/	无持续传播动力
	流程透明，接受公共监督	愿意接受公共监督，且有良好的信息和资金公示机制	愿意接受公共监督，无信息公开机制	部分信息公开及公示	/	完全不公开
	具有标准化和参考价值	关注所有公益传播，并可复制该运行模式	可复制到部分公益传播形式	只适用于公益广告	/	/

2. 对现有公益广告运行模式的评价

（1）公益广告运行模式评价赋值

表 5-10　公益广告运行模式各指标分值表

<table>
<tr><td rowspan="2">目标</td><td rowspan="2" colspan="2">评价指标</td><td colspan="4">公益广告运行模式</td></tr>
<tr><td>政府主导型</td><td>媒介主导型①</td><td>市场主导型</td><td>社会主导型</td></tr>
<tr><td rowspan="11">公益广告运行模式评价体系</td><td rowspan="2">价值追求</td><td>对公益性价值的追求</td><td>4</td><td>4</td><td>1</td><td>5</td></tr>
<tr><td>对互益性价值的兼顾</td><td>4</td><td>5</td><td>1</td><td>5</td></tr>
<tr><td rowspan="4">专业技术水准</td><td>民主化议程设置</td><td>2</td><td>4</td><td>1</td><td>3</td></tr>
<tr><td>专业公益广告制作水平</td><td>4</td><td>5</td><td>3</td><td>2</td></tr>
<tr><td>公益广告传播数量的保证</td><td>3</td><td>4</td><td>2</td><td>5</td></tr>
<tr><td>专业测评广告传播效果</td><td>4</td><td>5</td><td>3</td><td>1</td></tr>
<tr><td rowspan="3">运行机制</td><td>资金来源保障</td><td>4</td><td>5</td><td>5</td><td>3</td></tr>
<tr><td>流程组织及把控</td><td>5</td><td>4</td><td>1</td><td>3</td></tr>
<tr><td>长效持续的传播动力</td><td>3</td><td>4</td><td>4</td><td>5</td></tr>
<tr><td rowspan="2">社会影响力</td><td>流程透明，接受公共监督</td><td>3</td><td>4</td><td>1</td><td>5</td></tr>
<tr><td>对其他公益传播具有标准化和参考价值</td><td>5</td><td>4</td><td>3</td><td>5</td></tr>
</table>

（2）公益广告运行模式评价公式

根据公益广告模式指标评测等级，可以对评价体系中的每一个指标进行评价，得到每个指标的得分。进而建立公益广告运行模式的评价公式：

$$评价值\ y = \sum ki * Ci (i = 1,2,\cdots,9)$$

其中，ki 是各指标的综合权重，Ci 是指标的评价值。根据该公式，可以得到每一种公益广告运行模式的评价值。

---

① 尽管我国公益广告传播中政府主导模式与媒介主导模式并没有太多本质上的区别，但由于媒体还是有自主进行的公益广告传播，因此，本书仍然将其单列为一种。

3. 公益广告运行模式评价排序

根据前面所列的评价值公式 $y = \sum ki * Ci (i = 1,2,\cdots,9)$，公益广告运行模式的评价值计算如表5−11：

表5−11　公益广告运行模式排序

评价指标	评价分指标	评价对象及评价值 Ci				权值 ki				
		政府主导型	媒介主导型	市场主导型	社会主导型	指标权重	政府主导型	媒介主导型	市场主导型	社会主导型
价值追求	对公益性价值的追求	4	4	1	5	0.4548	1.8194	1.8194	0.4548	2.2742
	对互益性价值的兼顾	4	5	1	5	0.0650	0.2599	0.3249	0.0650	0.3249
专业技术水准	民主化议程设置	2	4	1	3	0.0399	0.0798	0.1596	0.0399	0.1197
	专业公益广告制作水平	4	5	3	2	0.0251	0.1003	0.1254	0.0753	0.0502
	公益广告传播数量的保证	3	4	2	5	0.0107	0.0322	0.0429	0.0214	0.0536
	专业测评广告传播效果	4	5	3	1	0.0049	0.0197	0.0246	0.0148	0.0049
运行机制	资金来源保障	4	5	5	3	0.1403	0.5610	0.7013	0.7013	0.4208
	流程组织及把控	5	4	1	3	0.0425	0.2124	0.1699	0.0425	0.1274
	长效持续的传播动力	3	4	4	5	0.0772	0.2315	0.3087	0.3087	0.3859
社会影响力	流程透明，接受公共监督	3	4	1	5	0.0465	0.1396	0.1862	0.0465	0.2327
	对其他公益传播具有标准化和参考价值	5	4	3	5	0.0931	0.4655	0.3724	0.2793	0.4655
权值求和					1.0000	3.9213	4.2352	2.0495	4.4598	

根据层次分析法计算，公益广告运行模式的评价排序见表5−12：

表 5—12　公益广告运行模式层次分析排序

排序	运行模式	评价权值
1	社会主导型	4.4598
2	媒介主导型	4.2352
3	政府主导型	3.9213
4	市场主导型	2.0495

从表 5—12 可见，社会主导型的公益广告传播，是最有利于实现公益广告价值追求、最有利于公益广告长远发展的运行模式。但是这仅仅是一个理论层面上的探讨，因为我们所说社会主导中的“社会”，指的是由政府和国家、市场、公益组织、个体构成的社会，是一个以公共利益最大化为价值追求的社会。

第六章

社会主导型的公益广告运行模式建构

通过层次分析法进行公益广告运行模式的优化选择，并不是最终目的，这只是完成理论上的论证，以确证一种以追求公共利益最大化为价值追求的公益广告运行模式。在确认更优模式以后，我们必须面对的是以下问题：在公益广告传播实践和操作层面上，社会主导（主要是公益组织）的公益广告传播能不能成为切实可行的公益运行模式？它在现实中应该如何建构其组织关系、运作流程？理论导向和现实操作之间还存在多远的距离？社会主导型的公益广告运行模式作为优化选择，放在中国的公益广告传播环境下，还存在哪些隐忧和局限性？这一系列问题还有待我们在本章进行更深入的探讨。

理想和现实总是存在距离，但这距离并不妨碍学术研究对理想的探讨和追求。对于传播来说，甚至真正意义上的沟通都是不可能完全实现的，这就是交流的无奈。但人类沟通的欲望从来不会停止，各类传播技术的开发仍然方兴未艾，人类仍然可以通过各种技术手段、各种方式实现沟通，让自己认知世界，让世界认知自己，无限接近心中理想的传播状态。在传播发展史上，自我传播、一对一的人际传播、组织传播、大众传播现象都随着传播技术的发展在各个阶段相继出现，如今我们对其有了程度较深的研究。互联网发展又带来传播新气象，传播交互性问题、社交媒体圈层传播问题、大众传播的转型问题也开始受到重视，但对整个宏观社会影响深远的公共传播、公益传播，对其研究都还处于浅层次。公益广告作为最重要的公益传播方式，其目的是通过公共沟通，实现公共利益和公共价值的最大化，因而，更需要形成一种耗能最小、传播效果最大化的运行模式。

因此，本章试图论证和构建社会主导的公益广告传播，其目的并不仅仅是对传播主体进行规定和设计，更重要的是对公益广告传播实现公共利益最大化的价值描述和建构。这种价值追求，不仅仅体现在作为传播主体的设计上，也体现在公益广告的运作过程中，它所设计的机制和流程，也应该与公共利益最大化的价值追求相符合。

第一节 社会主导型公益广告的现实基础论证

社会主导型的公益广告发展模式目前还难以迅速成为现实。作为最优化的理论选择，社会主导的公益广告与现实操作之间还存在距离。我们必须清醒意识到理论导向和现实操作之间的区分，才能真正消除区分，达到公益广告传播的优化发展状态。但距离并不是不可跨越的：从 2008 年到现在，社会爆发的巨大力量让我们认识到，在符合公共价值和公共利益的领域，一切都是有可能实现的。这取决于两个方面的交互努力：一是公益广告内部在拓展传播主体上的努力，二是公益组织在公益传播上的努力。

1. 对发展阶段性的分析

公益广告本身的发展处在转折时期。在划分我国公益广告发展阶段的时候，本书提到中国公益广告的第五个发展时期——从 2008 年开始的公益广告的转折与飞跃时期。对于这个还没有结束的发展阶段来说，公益广告最根本的转折在于公益传播主体的多元化，以及公益广告功能的进一步扩展。虽然转折已经出现，但飞跃还没有到来，尽管公益广告的数量在汶川大地震、北京奥运会等重大社会事件中大量增长，但是仅仅只是在量上的积累，并没有形成质的飞跃。这个飞跃的标志应该是在传播大量公益广告、进行公益活动的同时，有一个进行公益传播的核心组织，通过某种方式，将社会上散乱无序的公益广告传播个体和组织有序地归结到一起，并通过重要的社会沟通渠道，使公益广告产生巨大的社会影响。这个影响至少足以和原来政府和媒体主导的公益广告传播相提并论。这个核心组织可以来源于现有的公益组织，也可以是新生的非营利组织，在公益广告这个特殊的转型时期，这个核心组织甚至可以是在政府或者主流媒体引导下由各方力量聚合在一起成立的非营利组织。这个飞跃迄今还没有到来。

因此，社会主导型的公益广告发展要形成持续性的模式还停留在理论探讨阶段，尽管从近两年的公益传播实践来看，这一天似乎即将到来。

2. 社会主导型公益广告传播的现实前提

从公益广告和社会自身的发展角度而言，社会主导公益广告具备了现实基础，但除了本身的因素以外，外部因素也将成为社会能否主导公益广告传播的决定因素之一，这个外部因素就是社会与政府及市场的关系。不管社会主导型的公益广告传播在何时成为现实，不管理论的探讨如何细微和深入，都不可避免要面对一个问题：社会主导型公益广告传播绝不可能脱离政府、媒体和市场主体而完全独立存在。爱德华·希尔斯在认为：在不同的国家，在不同的历史时期，现代化在政治领域、经济领域和社会领域的进程并不总是同步的，但是，其中任何一个领域的持续健康发展最终都有待于另外两个领域的相应发展。[①] 社会与国家、市场主体以及媒体是紧密联系、相互制约而又互补的社会结构，尤其在现代社会更是如此。在中国的公益广告传播中，作为已经出现的传播主体之一，社会与媒体及市场主体彼此之间的关系是怎样的？

（1）社会与市场：相对宽松，市场环境培育了公民意识。

关于社会与市场的关系，大多数学者认为是市场经济的环境造就了社会，市场经济的充分发展是社会组织生成的土壤。但事实上，这一观点在学术界是存在分歧的。

市场经济是社会组织的经济基础，市场经济造就了社会组织。市场经济对社会组织的形成有五个方面的基础性作用：第一，市场经济加速了传统的同质性、整体性社会的解体，推动了国家与社会的相对分离，促进了社会的分化，为社会组织的生成和发展创造了前提；第二，市场经济为契约的运行提供了舞台，为社会契约文化的生成提供了土壤；第三，市场经济激活了人们的物质利益追求，并为个人或团体实现其物质利益提供了广阔的空间和平等的机会；第四，市场经济塑造了具有自主意识、平等意识、竞争意识、开放意识和公民意识的个人与团体，从而逐步形成并不断强化着公众的自主性品格；第五，市场经济使人从作为群体主体的存在转变为作为个体主体的存在，造就了社会的主体。事实上，有关市场经济是社会组织产生的基础，其观点主要可以概括为四个方向：①市场经济培育了私人领域，强化了人作为个体主体的存在；②市场经济培育了契约精神；③市场经济激活了个体和团体对物质利益的欲求，促进了个人及团体向政府表达自我利益的需要；④市场经济的发展拓展了社会成员的自主空间。

市场经济与社会组织有着完全不同的运作模式，从职能上说，市场主要提供私人物品，而社会组织主要提供公共物品或集体物品。市场经济和社会组织有着完全不同的运行逻辑，其运行差异源于市场经济中人性的“自利性与计算

---

① Edward Shils, The Virtue of Civility: Selected Essays on Liberalism, Tradition, and Civil Society, Indianapolis: Liberty Fund, 1997, pp. 330－333.

理性”，这与社会组织的利他性或互利性与志愿性有着根本的差异。而社会组织的发展依靠的是社会自身力量的拓展，来源于对社会价值的追求。

尽管两种观点基本相反，但这并不妨碍我们对市场经济与社会组织的关系做出进一步分析和判断。从分析论述角度来看，前者是经验性研究与总结，后者是从理论上进行根本的价值追溯。事实上市场经济虽然并不是社会组织诞生的唯一基础，但在契约精神的培养、公民作为个人主体存在的意识强化、促进个人和团体物质利益的欲求以及拓展个体自主空间等方面，市场经济是一个宽松肥沃的土壤，但同时市场经济本身的价值追求也蕴含着与社会组织追求公共价值相反的内容。陶传进的论证价值在于他指出了市场经济的价值取向对社会组织的消耗与削弱作用，这种消耗和削弱主要体现在市场环境的价值取向上，比如基于人性的“自利性与计算理性”损害了构成公民精神核心的普遍化互惠规范和人与人之间的相互信任。此外，陶传进的诸多论证都基于市场经济中“经济人”理论的假设，但就算在市场经济环境中，人性都是复杂多变的，远远不能仅仅用市场规则中的“自利性”“计算理性”“追求自我利益或小团体利益最大化”等尺度来衡量。无数案例和事实表明，对公共价值最大化的追求和对公共利益的维护，也同样存在于同一个市场个体及企业身上。因此，尽管企业与社会组织拥有各自的运行规则和价值追求，但同样都是以人为主体，而人性的“私利”之心与“公益”之心，却可以并行不悖、同时存在，甚至相互促进，任何“公益”也都是以承认众多的“私益”为前提的。

具体到我国市场经济与社会组织的发展，我们无法否认改革开放四十多年来有关市场经济的改革带来了社会层面的深刻变化，这其中包括社会组织的发展。充分发育的市场经济，对目前我国社会组织的发展具有巨大的促进作用。在市场经济发展的初期，个人和企业可能会较少关注到社会公共事业的追求，但随着个体和企业公民理念的进一步发展，市场主体在另一面也同时可以成为社会主体。因而，相对于社会组织与国家的紧张关系，社会组织与市场的关系要更为宽松与和谐。社会组织的诞生和壮大，对市场主体的作用尽管存在促进（比如各类行业协会、商会对市场经济的促进作用）、监督（比如环境保护对市场经济的监督），甚至反对等方式，但从长远利益来说，社会组织的充分发展，会大大促进市场经济的健康与繁荣。

（2）社会与媒体：相对和谐，媒体所形成的“公共领域”是社会的重要组成部分。

相对于社会与政府、市场的关系，社会与媒体的关系是最容易实现宽松与和谐的。在哈贝马斯的“生活空间—系统”的二元对立中，政府与市场都被归入系统，与对应生活空间的公共领域形成对立。其中，媒体和社会都被纳入“生活空间”的范畴。事实上，以社会批评和政见发表形成公共领域的传统媒体与以互动交流形成公共空间的新媒体都是现代社会中重要的公共领域，也是社会的重要组成部分。就我国社会与媒体的发展现状而言，2008 年是一个重要的转折点。反过来说，媒体是社会个体及组织实现其功能、发挥影响力的重要阵地，是个体实现自身价值的重要方式和平台，在政府的权威型影响力与资本的利益影响力双重压力下，社会组织最重要的方式就是通过媒体表达价值要求，形成自身的“媒体影响力”。

然而媒体有它自身的独立性。挪威政治学家约翰·加尔通甚至将媒体视为政府、市场、社会以外的第四种力量，认为它既是重要的社会组成部分之一，也是三者之间的沟通渠道。目前许多现代社会的问题主要源于三边关系的传播缺失。处于这三者之间，媒体应该足够强大，以成为社会的第四支柱。这一可能性使他们或许在如下某一方面有益：通过审查制度、财政援助或害怕因缺乏信息被惩罚而使国家获益，通过所有权或广告收益使资本获益，通过迎合大众趣味使市民社会获益。这三个相互依赖的方面互不包含，并且总是同时出现。

第二节　社会主导型公益广告的运行模式建构

其实社会主导公益广告传播作为一种传播现象，已是既成事实，但大多数是作为传播个案被研究，并没有作为公益广告的未来趋势被对待。比如 2008 年汶川大地震中的公益广告传播，北京奥运会的公益广告传播等。我国公民精神的发展，社团组织数量的壮大，社团组织的价值追求以及社会影响力，可以说基本上具备了主导公益广告传播的可能性，但社会主导公益广告传播要成为主流的公益运行模式，还有待于以下两个基本的条件：一是制度环境的宽松。实质上，制度环境即社会的政治环境，有限政府是社会组织存在的基本政治环境。因此，制度环境的宽松与否是决定社会组织是否具有合法地位去担负起公益广告传播这一社会公共职能的关键。二是大批有影响力的民间社团组织的培养和成长。目前我国社团组织的发展还不够成熟，既缺乏专业和规范的管理和运作，也缺乏足够的社会资源的支持，还严重缺乏人力资源。目前在公益广告传播中产生重要影响力的社团组织基本上都是官方化的非营利组织，因此，社会要真正在公益广告传播领域产生影响，必须形成大批有影响力的民间社团组织，才能获取更多的资源和公民信任。

尽管目前社会主导公益广告传播并没有成为公益广告中的主导力量，但随着社会个体及组织的进一步发展、传播的进一步自主化，个体和社会组织必将成为社会传播的主力，与国家主导的政治传播和市场主导的商业传播一起，构成传播领域的多元社会结构。因此，建构社会主导型公益广告运行模式并不仅仅是一种理想，而是一种可能实现的理论前瞻。

在这个构想的运行模式中，我们在第四章已经解决了社会主导型公益广告传播的长效传播动力问题——社会价值驱动（对公共利益价值最大化的追求）。因而，本构想要讨论的主要问题是传播主体的具象化与选择、运行机制建构、基本流程描述。

1. 传播主体的具象化与选择

政府、企业以外的社会主体的构成包括个体、社团组织、公共领域等几个层面的内容，具体到构成公益广告传播主体的社会力量，则体现为具有现代意识和传播能力的公民个人、社团组织和某些能够称为公共领域的媒体机构。同时，在社团组织中，由于我国社团组织的特殊性，社团组织的分类又多种多样，分类标准不一，为了论述方便，我们将其分为制度化非营利组织（即官方化非营利组织）、民间非营利组织和其他非营利组织来进行讨论，分析其主导社会公益广告传播的可能性。

（1）公民个体

面对公益广告这样的大众传播形式，互联网时代以前的公民个体是无法想象的。互联网出现以前的大众传播几乎与公民个人无关，个人无法获得大众传媒机构的传播权力，无法通过某些媒体的力量将自身的利益与需求进行表达。互联网和互动传播时代的到来，使得个人传播、自媒体传播与大众传播的对接与交错成为可能。因此，公民个体作为社会的重要组成部分，同样可以成为公益广告传播的主体。只是，进入到公益广告传播活动中的公民个体，已经不是纯粹社会视野中的私人领域或自主性的个体，既具备了现代意义上的公民意识，还具备现代传媒生存环境中的特点。现代意义上的公民，是懂得平等、民主与主张自我权利的公民，是在市场经济契约精神下培养出来的个体，他们遵循某些公共价值与公共道德理念，懂得通过现代传媒手段表达自我或团体利益和需求，他们深谙公共利益与个人利益、群体利益与个人利益的关系，具备某些方面的道德良知和价值坚守。因此，在“非典”、汶川地震、奥运会等重大公共事件中会发现许多进行公益广告传播的个体，他们具备上述典型特征，成为公益传播的重要力量。浙江农民陈法庆的环保网虽然是个案，但仍然代表着一种有影响力的个体力量。不管是网络视频编辑而成的公益广告，还是志愿者打出来的标语，不管是一段QQ公益广告，还是免费制作的公益FLASH，都是公民个体致力于公益广告传播的努力。个人设置议题、个人制作、个人通过媒体渠道发布并通过媒体渠道获得某些回馈与互动。在这个完整的传播过程中，公民个体是真正的传播主体，他们自己制作，自己借助媒体平台传播，表达自身的情感、观点和意见。只是在庞大的公益广告传播中，个体主导的公益广告传播在数量上就如沧海一粟，但这并没淹没公民个体作为公益广告传播主体的重要地位。随着互联网的进一步普及和技术手段的丰富，个体的公益传播必将越来越多，成为公益传播中的重要力量。

（2）准官方化非营利组织

准官方化非营利组织是基于我国许多社会组织与官方组织的关系而言的一种概念描述，它指的是那些由官方出面组织成立、其职能相当于半政府机构、主要领导人由政府官员担任、享受事业单位编制和待遇的社团组织。比如全国各级工会、残联、妇女基金会、青少年基金会、红十字会、中华慈善总会等，从属性上来说，这些组织都是社会组织的构成部分，但由于其明显的官办性质和体制内特点，因此在外界十分容易与政府机构混淆。这些组织每年都会针对自身的职能组织一些公益广告传播，与媒体联合进行公益宣传，但并没有形成固定的长效机制。从自身具备的资源和条件来看，这些准官方化非营利组织具备进行公益广告传播的资金实力、专业委托能力和媒体渠道，但并不能成为公益广告传播的主体力量，一是其半官方的性质，决定了这些组织要受到较多的管辖和牵制，其工作带有明显的政府化特点，其次是这些组织主要负责执行某些社会救助与福利领域的公共事务或公益事务，并不是专门的公共传播机构，不能就公益广告或公益传播进行全盘考虑和协调。

（3）民间非营利组织

民间非营利组织在近年来的社团组织研究中开始受到关注，但并不是新兴事物，它指的是广大民间人士为了某一公共目的、群体利益、兴趣爱好而发起的社团组织。这些组织许多都没有经过登记注册，组织管理也不够规范，没有官方的合法地位，却在民间形成了一定的影响力，在某些公益事务中发挥了重要的作用。事实上，这种组织在民间一直大量存在，有学者甚至估计这类民间组织在数量上大大超过了登记在册的社团组织。民间非营利组织是公益事务的重要力量，也参与公益传播，但要成为主导社会公益传播的主体，则存在诸多障碍，一是组织的合法性堪忧，二是组织管理不够规范，三是组织存在的长期性和稳定性较差。事实上，某些民间非营利组织在完成了某项公益事务以后，其组织就不复存在了。因此，民间非营利组织虽然是重要的社会组织形式，但要成为公益传播的社会主导力量，仍然存在巨大障碍。

（4）其他民间团体

除准官方化非营利组织和民间非营利组织以外，社会组织中还有许多社团组织，能够在公益广告传播中起到重要的作用，比如各类行业组织、学术团体、社会服务团体、互助组织等，这些组织具有明显的领域或行业特点，活动范围主要集中于各自的行业中，为行业发展或者某个领域发展服务，因此，也难以作为公益广告传播的主导性选择。但其中与公益广告传播有重要关联的中国广告协会（简称“中广协”），作为广告行业的最权威社团组织，能否作为主导公益广告传播的主体选择呢？

从中国广告协会网站呈现的内容来看，它成立于 1983 年，是国家工商总局直属事业单位，是经民政部注册登记的全国性社会团体。目前，已有全国各省市等地方广告协会单位会员 51 家，单位会员 600 余家（广告公司、媒体、广告主、教学研究机构、市场调查公司等），个人会员 400 余名（学术委员和法律委员），以及 15 个专业领域的分支机构。目前中国广告协会的主要职能有：①加强行业自律，规范行业监管，规范会员行为；②开展中国广告业企业资质认定工作；③进行行业培训和交流，提升广告从业人员素质，建立职业水平评价体制；④参与推动广告相关法律法规建设，开展反映诉求和维权工作；⑤为会员和行业提供调查研究和信息服务；⑥搭建学习和商务交流平台，主办中国国际广告节、中国广告论坛等重要展会活动；⑦加强学术研究，办好行业研究杂志《现代广告》。

也就是说，从性质而言，中广协这个行业社团组织从一开始就被定位为“国家工商总局的直属事业单位”，事实上类似前面讨论的“准官方化非营利组织”。在中国现有国情下，“直属事业单位”就是与政府职能机构类似的机构，是工商管理局衍生出来的组织机构。因此，实践中的必然结果就是备受广告业诟病的“集管理者、经营者和服务者三个角色于一身”[①] 的尴尬角色。从其工作职能而言，中广协扮演更多的是一个行业管理和促进者的角色，没有任何职能表明中广协对社会的公益广告传播负有责任和义务。与公益广告相关的活动内容也仅仅是在中国国际广告界等活动的评奖中设置公益广告奖，而《现代广告》会经常刊登获奖或优秀的公益广告作品。事实上，就行业资源而言，中广

① 邓铨，曹路. 公益广告的创作与发展趋势的分析［J］. 科技信息，2007（1）：32—33.

协拥有最丰富的广告资源，下辖各类地方广告协会，拥有15个专业分支机构、数百个会员单位及个人，完全可以承担公益广告从议题设置、广告创意、制作、审批到发布的一系列工作。但由于涉及培训、资质认定、评奖等团体利益和经营项目，中广协很难客观协调行业内部与社会的各种关系，发挥它的作用，这个意义上的中广协成了一个集“企业”“行业协会”和“准政府机构”为一体的性质复杂的社会组织，其公信力和公益性大打折扣，显然不能扮演主导社会公益广告传播的角色。2005年还有类似中广协的组织先后成立，比如11月27日成立的中国广告主协会、12月17日成立的中国商务广告协会综合代理专业委员会（简称“中国4A”），在功能上弥补了中广协的一些不足，但前者隶属于国资委，后者聚集本土优秀广告公司，强调专业评定服务与国际交流。

（5）成立公益广告传播基金会还是培育传媒领域权威性民间组织

尽管登记的和未登记的社会组织已经多到不计其数，但在现有的社会组织中却很难找到担当公益广告传播大任的对象，这虽然看似是社会公益事业的悲哀，却也与我国社会发展不够充分有很大关系。是否可以考虑新成立一个组织公益广告传播的机构呢？公益广告的研究者和一些传媒学者都提出了具体的构想。陈刚①、王首程②、张敏等学者都提出了这一问题。张敏建议：“遵循公共服务社会化、社会组织专业化、资源配置市场化的原则，由精神文明办领导，由国家工商总局组织，具体设立一个可称之为公益广告基金会的专门组织，作为公益广告主体，在党和政府的直接领导下，承担起统筹管理公益广告日常运作的专门职责，具体负责沟通和协调党政机关各部门、媒体、广告代理机构、社会组织、企业各界同公益广告的关系，建立筹集审核计划、吸引管理基金、制订落实规范、协调各方关系、保障公益均衡、推进相关活动、组织赛事测评、鼓励学术研究等职能在内的长效机制，以便充分运用公益广告这一在市场体制中成长并得到世界广泛认同的公共宣传手段，为国民素质提高、精神文明建设和文化软实力提升做贡献。”③他还对基金会的性质和归属做了规定和考虑：“基金会作为独立的法人，工作上隶属精神文明办领导，业务上挂靠国家工商总局独立运作，其法律行政地位，似乎应根据其属性、特点和工作需要，

① 陈刚，崔彤彦，季尚尚．机制之变：中国公益广告发展的问题与对策分析［J］．广告大观（综合版），2007（5）：23－29．

② 王首程．建立促进公益广告持续发展的长效机制［J］．中国广告，2009（1）：104－106．

③ 张敏．公益广告繁荣机制论——广告业发展与和谐社会建设研究［J］．广告大观（理论版），2009（1）：69．

与广告协会平行，体现法律面前人人平等以及公益与私利对等兼顾的原则。”[①]“至于事业机构本身，似应责成国家工商总局出面负责组织设立，并指派专人担任基金会秘书长，负责日常工作。基金会成员应由热心公益事业的广告代理机构、广告主、媒体和相关方面的代表组成。”[②] 甚至还对基金会的具体工作提出了设想：“基金会的职能，除了促进专业立法，首先是讨论审议年度公益广告计划，通过调查分析，确定广告主题……在制作发布过程中，基金会应当根据对社会环境的预测分析，规范运作流程，开展质量监管，包括刊播水平、投放效果、媒体履约状况、社会评价反馈等。……其次，基金会需要在管理政府拨款的同时，大力吸引社会资金。”[③]司晓晖在其论文中也主张建立一个独立的全国性公益广告机构，这个机构应该是一个非营利性的组织，基本思路是实行政会分开，促进组织的自我服务、自我管理、自我发展[④]。有意思的是，在这一系列建议中，张敏等老一辈学者所构想的公益广告基金会仍然属于政府各个机构多重管理下的事业单位，而司晓晖等年轻学者们构想的全国性公益广告机构却是一个非营利性、非政府性、政社分开的完全独立的社会组织。两者似乎各有千秋，完全独立的公益广告传播机构既能在具体执行过程中不受诸多行政因素的干扰，也能相对独立于市场之外，在价值追求上能保证对公共利益的最大追求，然而会在资金筹措、整合广告创意、制作和媒体发布等资源上遇到一些难题。由精神文明办、工商总局等政府职能机构出面成立的公益广告基金会，在资金筹措和资源整合及协调上，显得相对容易，但却容易受到行政指令的干扰。张天莉的建议借鉴到公益广告传播领域，不失为行之有效的方法。她从传媒治理角度对中国传媒管理体制改革提出了几点建议，其中提到进行“传媒治理”时要“培育传媒领域权威性民间组织”。张天莉认为：“在转型期的中国，要使民间组织形成与国家对等的关系是不切实际的。但传媒领域内的民间组织作为最贴近传媒业的组织，对于行业发展的敏感与反应并不逊于甚或高于政府或行业管理机构，培育这个领域内的权威性民间组织，不仅为传媒业的政策制定提供决策依据，同时可对传媒政策的有效性构成有力的制约。而这些民间组织的成长不仅依赖于民间社会自身的成熟，同时也需要一定的政治环境，

---

① 张敏．公益广告繁荣机制论——广告业发展与和谐社会建设研究［J］．广告大观（理论版），2009（1）：71．

② 同上，第72页。

③ 同上。

④ 司晓晖．我国电视公益广告的市场化运营研究［D］．大连：大连理工大学，2008：46．

需要政府适切的制度供给。”[①] 同时张天莉也提到了省级卫视联合体这个传媒领域民间组织，不过作为一个基于央视造成的广告压力而成立的广告合作联盟，省级卫视联盟最初成立的目的是出于反对垄断、维护市场利益的需要。从价值追求的初衷上说，这类传媒“内生”的松散型民间组织，与公益广告传播要实现的公共利益追求是不相符合的，但这并不妨碍这一类传媒组织可以实现公益广告传播的主导功能。随着社会组织和媒体自身的发展，许多有社会责任感的传媒机构具有了社会公共领域的意义和价值。因此，更能保证公益广告的价值追求与实现。其次，作为传媒领域生长出来的民间组织，一是对社会公益热点具有高度的敏感性；二是最贴近传媒行业，拥有媒体平台，便于实现公益广告的议题征集和广告发布；三是拥有传媒机构的支持，具备了获取资金的途径；四是在公益广告的创意和制作上拥有较高的创意和审美水平。

因此，不管是在传媒领域重新培育权威型民间组织，还是依赖现有传媒领域的现有民间组织来主导公益广告传播，都是我国目前传播环境中更为现实的选择。在传媒领域权威型民间组织的基础上，再成立公益广告基金会，以公益基金的方式运行公益广告，都是可行的选择。

2. 运行机制建构

在选择和确定传播主体的时候可以看出，被选择的公益广告传播主体其实质是一个社会协调主体。因为公益广告传播是一项社会价值型公益，与政府、每一个社会公民以及市场企业息息相关。这个传播主体应该同时具备几个要素：①以社会公共利益最大化为根本价值追求；②具有与政府机构、市场企业以及其他社团组织、公民个体进行关系协调的能力和可能性；③能够形成一个平台，在广告议题设置、创意制作和广告发布中整合资源，并达到较高的专业水准。此外，还应具备合法性。确定和选择了合适的传播主体，公益广告的运行模式就显得顺理成章，笔者用一幅四维框架图来阐释这个公益组织在公益广告传播中的运行机制，主要体现该组织与其他社会结构的关系与协调特点。

① 张天莉．传媒治理的结构与过程——以西方电视媒体为例的研究［D］．上海：复旦大学，2006：173－174．

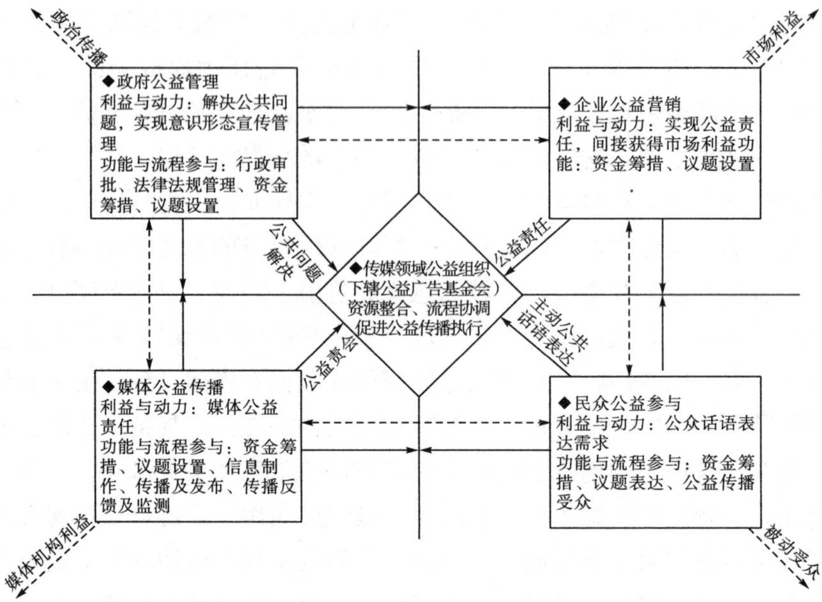

图 6—1　公益广告传播四维框架图[①]

这个模式的关键要素包括：①传播驱动力：公益社会价值；②传播主体：传媒领域形成的权威型公益组织；③运作机制：协同合作、资源整合。其中我们应该特别关注以下方面：

（1）传播主体与四大辅助机构之间的组织协调关系。对传媒领域公益组织来说，主导公益广告传播是一项宏伟的社会工程，这个主体并不是单纯的广告主，而是协调各方利益，整合资源，促进各方共同参与公益广告传播的主体。就像由一根线串起一串珍珠，公益组织引导、组织并最终完成这个完整的公益传播过程，没有这个主体的诞生，各个机构的私益就要占据上风，彼此关系无法协调。近年公共事件频发突发的社会现实，使得公益机构的社会影响力空前增强，因此，公益广告传播领域成立一个专门的公益组织机构，也是水到渠成。以目前公益机构的井喷式发展势头，如果对其进行有益引导，提升其公共事务的社会参与度，则必然形成我国公益传播的崭新局面。

（2）一个传播主体与各参与方共同构成公益传播行为的利益与动机。在这个结构中，参与公益广告传播的各个机构有各自不同的多向度利益需求，结构中分别用斜向相反的箭头表示不同或相对的利益指向。在这些利益需求中，各

① 王炎龙，李京丽，刘晶. 公益传播四维框架的构建和阐释［J］. 新闻界，2009（4）：19. 该图在原有研究基础上略有修正与调整。

机构分别有一种利益驱使，以促进主体进行公益传播动机的形成：政府实现社会价值引导，寻求社会矛盾的缓解和公共问题的解决；企业承担公益责任以实现形象和市场间接利益的提升；媒体作为社会公器应该承担社会公益传播的责任；公众出于共同的利益而存在的公共话语表达需求。诸多不同主体的共同公共利益指向构成了公益广告传播存在的前提，使得公益广告传播的进行成为可能。

（3）各参与方在公益传播中的功能发挥与参与。与以往的政府主导型、媒体主导型或企业主导型公益传播相比，该阐释框架实质上可能消解了某一目标的绝对主导地位，希望通过公益机构的协调和整合，以期公益传播能在最大限度上真正体现社会的“公共利益”的“最大公约数”，而不是体现传播资源垄断者或传播权力拥有者的利益，以促进传播公共领域的发展。在这个结构中，有几个问题充分体现了公益传播中多方参与的互动价值，这个互动价值也正是传媒领域的公益机构作为实质上的传播主体通过协调与整合而达成的价值：一是资金筹措的多重来源，二是议题设置上多方参与的互动性，三是公众在公益传播中既作为传播参与方也作为传播受众的双重角色。这些正体现了社会公益传播中的民主协商特点。在这方面，日本经验是我们借鉴的来源之一。日本的公益传播（公益广告）机构在资金筹措、议题的设置等方面颇具代表性：通过公益机构的会员制度，从民间筹措公益传播资金，成立公益传播基金，进行系统的公益传播活动；在传播议题的设置上，充分集合了政府、媒体、公众议题的内容和智慧并进行筛选。因此，在公益广告传播的过程中，通过公众代表的参与，公众的传播主动权、公共话语表达权得到了较高程度的体现，因而，通过筛选的议题能在较大程度上得到受众的共鸣和认可，其导向价值也更容易为受众接受。

（4）各参与方之间的冲突与融合。麦奎尔曾经说：“我们很容易意识到一种普遍性商业逻辑的存在，因为越来越多的媒介运作层面似乎已经落入市场力量而非社会或文化思维的控制之下。这种逻辑已经超出‘结构’的问题（例如公共广播的势微），而且影响到媒介内容所呈现的标准、价值以及新媒介在社会中所扮演的更广泛的角色。”① 不难发现，“大众传播的商业逻辑”与公益行为自身的冲突将始终贯穿公益传播的发展始末。因此，公益传播的四维阐释框架是基于商业利益与公共利益、个人利益与公共利益等诸多利益冲突和矛盾的

① ［英］丹尼斯·麦奎尔．麦奎尔大众传播理论［M］．崔保国，李琨，译．北京：清华大学出版社，2007：408.

解决而展开的。首先，媒体的公益传播很可能在市场利益驱使下形成商业化的畸形发展状态，使政府、企业和社会公众失去有力的舆论传播途径；其次，由于公益传播事业并非一蹴而就，企业公益营销往往会由于企业的市场压力而缺乏长期投资动力，出现半途而废的现象，形成资源浪费的恶性循环；最后，作为个体出现的民众在公益议题上视野比较狭窄，可能片面追求个人利益与自身传播。因此，该结构中公益传播注重议题设置的多方参与和互动，也为公益传播资金设置了多重来源。图 6－1 中横向的相斥和相吸箭头分别表示彼此之间的利益冲突抗衡与融合关系，提示我们应在彼此的冲突与融合中深入分析其体征，以反映不同的传播关系与不同的传播情境，从而打破以往偏于一隅的研究视角，有助于研究者开拓公益传播的新视野。

3. 基本流程描述

根据上述公益广告传播思维框架图，参考日本公益广告传播经验，由传媒领域公益组织主导的公益广告传播主要有以下六个步骤。

（1）多元化资金筹措。资金筹措主要以公益组织成立的公益广告基金会为主体来进行，资金筹措的渠道是多元化的，有政府出于社会宣传需要而拨付的公益传播款项，有企业的公益赞助或资助，有各媒体会员机构从各项经营收入中提取的专门款项，也可能有其他民间社团组织甚至公民个人的支持。因此，资金筹措渠道的多元化、基金会运作的长效化，保证了公益广告传播活动的长期有效运行。

（2）民主化议程设置。议程设置是公益广告传播的重要环节。主流媒体的多元传播方式、互联网传播技术的发展、现代通信手段的运用以及当下如火如荼的“三网融合”为公益广告的民主化议程设置带来了极大的便利，公益组织可以通过传统主流媒体的发布、网络调查、手机短信等方法，面向全社会征集公益广告议题，向广大公民个体、企业、学校、各类社会组织等征集议题，关注他们最关心的社会话题，再集中进行议题归类和解析，从中选择最典型的传播议题，进行公益广告制作。在这个相对民主化的参与过程中，政府、企业、媒体、普通公民的关注话题都有可能得到表达和传播。

（3）广告创意与制作。广告创意和制作是目前发展得最成熟的环节。根据议题的具体情况，主导的公益组织可以通过招标、委托付费的方式，也可以通过征集广告公司志愿创作的方式，进行公益广告创意和制作。在创意与制作的过程中，应该允许专业化制作与民间制作同时存在，在一些大型公益广告传播活动中，还可以通过公益广告奖项的设置，充分发挥民众的智慧，体现和包容多种创意方式。

（4）发布审批。发布之前的审批程序是一次内容和形式上较为重要的把关过程，前期建议由政府相关行政职能机关（比如宣传部门）进行审批，保证公益广告传播的基本质量和价值动向，在公益组织运行比较成熟的阶段，由传媒领域的公益组织内部审批通过即可。

（5）广告发布。在制作及审批完成后，公益广告的发布实质就是传播媒体、时间、版面、传播形式等的选择。传统主流媒体电视、广播、报纸、户外等都会有相关的公益广告发布的规定，规定一定的发布时间或版面，在传播形式愈加多元化的背景下，公益广告的发布应该进一步考虑新媒体和其他分众媒体的选择，充分利用网络、手机等传播平台，在各类门户网站、行业网站、视频网站、文化娱乐网站甚至网络游戏中进行公益广告发布。一些公益网站、网站公益频道、电子期刊等，也应该进一步加强公益广告的发布。此外，普通大众生活的社区，也应该成为公益广告“贴身”发布的重要场所。公益传播组织机构完全可以通过街道办、居委会、村委会等渠道在社区开辟免费灯箱、电梯框架、社区标语等发布公益广告。通过广播、电视、报纸、手机短信、网络等多渠道进行公益广告发布，形成单向传播、线性传播、网络交互传播的格局，最终才能形成强大而系统的公益传播场域。

（6）传播效果监测。传播效果监测是目前公益广告传播的一个薄弱环节，尽管有学者明确提出了公益广告传播上的“以受众需求为导向”①，强调进行传播效果监测、了解受众需求的重要性，但由于它可能涉及受众调查研究等问题，又不能产生实际的经济效益，这类工作显得“费力不讨好”，不管是理论界还是实践中都少有人去践行。然而，有效的受众调查和传播效果监测对于提升公益广告传播的质量具有至关重要的意义，包括议题选择是否符合公众需求，创意方式、传播媒体选择是否符合公众的审美习惯和接受等。当然传播效果监测和评价的方法有多种，比如受众媒介接触调查、民众公益意识与公益行为调查、专家测评等。2010 年《新闻界》第 3 期发表了学者王炎龙的一个电视公益节目的受众调查。调查结果表明，电视公益节目在某些方面和某种程度上的确能够对人们参与公益活动产生正面影响，但是对其影响力并不能做过高估计，而教育程度的高低却明显会影响到媒介受众的公益行为。这说明电视公益节目急需改进，但到底是电视公益节目的内容本身做得不够好，还是话题根本就不是大众所关心的，还有待进一步的调查和论证。只有受众从心底真正感

① 朱天．论当前我国公益广告的理念更新［J］．新闻界，2007（5）：158．

受到公益广告追求了“公共利益”、表达了“公共价值”，才能实现公益广告传播的社会价值。

第三节 社会主导型公益广告传播的优势与隐忧

网络时代为社会主导型公益广告传播提供了社会组织参与的社会环境和技术可能，公益广告传播也必然带有互联网传播时代的特点。作为一种前瞻和实践构想的更优运行模式，社会主导型公益广告传播，既体现出巨大的价值优势，在实际操作中也存在诸多阻碍和不稳定因素。

1. 社会主导型公益广告传播的特点

(1) 传播主体多元化。尽管本书在前面分析和论证了主导公益广告传播的社会主体，认为在传媒领域培养和形成的公益组织是最合适的选择，但事实上传媒领域培养和形成的公益组织是一个多元化结构，个人、准官方化非营利组织、民间非营利组织以及其他行业社团等都可以参与到传媒领域培养的公益组织中来，进行公益广告传播，这种多元结构使得公益广告传播的主体从外部看有统一的组织来主导进行，从内部看却呈现出内生的多元性。这将使公益广告传播成为一个单个协调主体、多方互动参与的传播过程。在由WEB 2.0支撑的互联网公益时代，每个人都是公益广告传播主体，每个人都是慈善家。在主体多元化的过程中，公益广告原有传播主体（比如政府机构、媒体机构）的绝对中心地位无形中被消解，主体的内在多元化或权威主体的消解在一定意义上而言，是传播民主化的体现，这也正是任何现代社会所追求的价值之一。

(2) 公益广告内容碎片化：从“巨内容”到“微内容”。内容的碎片化是一个反复被提及的话题，从后现代主义的文本特征到互联网带来的内容碎片化传播，碎片化几乎是21世纪的文本标记。我们很难分辨是21世纪的后现代思潮、互联网技术的升级，还是由于传播主体的多元化，抑或个人传播中的哪一个因素带来了内容碎片化的狂潮，只能接受这样一个传播现象和文本事实。学者们将这些碎片化的文本称为“微内容”（microcontent）。微内容是最小的独立的内容数据，如一个简单的链接，一篇网络日志，一张图片，音频，视频，一个关于作者、标题的元数据，E-MAIL的主题，RSS的内容列表等。喻国明认为，新传播时代的标志就是“微内容”的风生水起，“微内容是相对于我们在传统媒介中所熟悉的大制作、重要内容即巨内容（macrocontent）而言的”，

"互联网用户所生产的任何数据，都可以被称作'微内容'"①，在这个"微内容"时代，公益广告尤其是互联网公益广告同样体现出内容碎片化的特点。一句标语、一篇微博、一幅公益广告的图片、一段视频、一个公益广告的E-MAIL，都可以成为公益广告传播的内容。对于这个WEB 2.0、WEB 3.0时代带来的传播现象，它打破了以往传统公益广告的整体单元式的传播，导致了传播方式的多元化和传播内容的碎片化。它使得很多公益传播内容很难进入我们的搜索视野，使得事实上的公益传播内容数量散落在茫茫网络海洋之中，远远大于我们能够看到和收集到的，似乎永远不能穷尽。

(3) 传播路径多样化。由于WEB 2.0、WEB 3.0等互联网技术的支持，同时也由于大量社会个体和组织的参与，就算有一个占据领导地位的公益组织来进行主导和传播路径的选择和控制，公益广告传播也必然呈现出传播路径多样化的特点。这也是新传播时代的传播特点之一。除了传统的单向四大媒体的大众传播以外，人际传播、圈层传播、组织传播等多种传播路径和样态将同时并存，并且其路径无法分辨清楚。传播主体与受众的界限已经基本打破，许多个体既是传播受众又是传播主体，交互传播十分频繁。传播路径的多样化大大提高了公益广告传播的速度，扩大了传播范围，形成一个多元化的公益传播与交往空间。

2. 社会主导型公益广告传播的优势

社会主导型公益广告传播，其实质是由社会力量主导社会公益产品的提供，尤其是公益广告作为社会价值型公益，其产品带有强烈的文化价值传播特点，更应该消解单一主体的主导地位，促进公益传播领域的公平、民主、透明，以及对公益价值的追求。相对于政府主导型和市场主导型以及政府行政指令指导下的媒体主导型公益广告传播，社会主导型公益广告传播的优势主要体现在以下四个方面：

(1) 公益性动机的最理想呈现。从理论上看，除了传播主体（公益组织）在社会公共利益最大化这一价值追求与公益广告完全吻合外，社会主导型公益广告传播无论从运作机制还是构想的流程控制上，都尽可能保证公益性动机的实现。因此，作为传播公共价值、实现公共利益最大化的公益广告或公益传播，社会主导模式都是其公益性动机的最理想呈现。

(2) 保证公益资金来源的多重渠道。在进行具体流程描述的过程中，相对

① 喻国明. 传媒变革力——传媒转型的行动路线图 [M]. 广州：南方日报出版社，2009：10.

于政府机构的行政拨付和市场的企业赞助这些单一的资金来源，社会本身结构中宽广的社会群体跨度、强大的社会融合力，使得社会主导型的公益广告能够进一步保证公益资金的来源。政府的部分行政拨付、市场企业的赞助、媒体的资金保障，还有强大的民间个人和民间组织力量，使得公益广告发展的资金来源形成了“多源汇流”的局面，有利于公益广告的持续有效发展。

(3) 传播过程中的程序民主。程序民主是民主的第一步，没有程序的民主，就是没有实质的民主。社会主导公益广告传播可以从议题设置开始，就尽可能做到民主化，议题设置过程中对社会广泛意见的征集、创意制作的竞标等过程是公益广告传播中的编码过程。在受众接受和“解码”过程中，尤其是网络公益传播中，受众可以根据自身的需求和喜好，选择是否接受，甚至可以在此基础上进行修改、“二次创作”、再传播。相对于其他两种模式，个体的能动性得到了更充分的发挥，传播和接受权利受到尊重。

(4) 扩大传播内容和范围，促进价值多元化，防止文化价值霸权。对公益广告而言，传播主体的改变往往意味着传播内容、传播方式等一系列的变化。翻开公益广告传播的历史和诸多案例就会发现，以往公益广告传播所表达的除了环境保护、关爱艾滋病人、远离毒品、社会公德、家庭美德等“社会公共价值”以外，政策宣传往往成为公益广告传播的主要内容之一。社会主导型的公益广告，将拥有更丰富多元的参与主体，更为丰富的表达内容，体现出文化价值的多元化特点，更多价值将得到传播和认可。从“和谐社会、平等世界，反对霸权、反对侵略、反对战争”等维护世界和平的广告，到禁烟、禁毒、环境保护、低碳生活，到个人“支持立法反对性骚扰”等内容，公益广告的表达范围将大大扩展，多元的文化价值将得到提倡和保护。组织的一份公益倡议、个人的一个公益口号、媒体的一次公益广告活动，都是重要的需求表达。因而，社会主导型公益广告传播，将有利于文化价值的多元化表达，有利于打破政治利益与经济利益结盟形成的文化价值霸权。

3. 社会主导型公益广告传播存在的隐忧

(1) 主导传播的公益组织的“返政府化”

我国目前社会组织的发展仍然存在巨大的不稳定性。它们有着双重身份，甚至是三重。此外，因为传媒产品不同于如水、电、煤气等任何一种有形的公共物品，它所凝聚的文化性，使政府不可能完全放任传媒于社会或市场①。因此，在政府对社会组织参与和承担社会公共服务事务的信任没有充分建立之前，传媒领域培育出来的权威型民间组织也依然存在“返政府化”的可能性，成为“准官方化非营利组织”。若没有“返政府化”，这个从传媒领域新培育出来的公益组织，在承担主导公益广告传播这一重大社会职能过程中，如果各方关系协调不够，其职能领域侵犯了其他社会部门的职责，则该组织又很有可能面临合法性危机。无论是组织的“返政府化”还是“合法性危机”，都将从根本上影响公益广告的正常发展。

（2）市场的“自利性”陷阱：社会主导型公益传播运作机制的退化

在讨论社会与市场的关系时，本书已经提到市场对社会公益组织的消耗与削弱作用。这种消耗与削弱主要体现在价值取向上，因此，身处市场经济环境中的社会组织，由多个纯公益人组成的公益广告传播组织，在以公益价值的追求为主要驱动力的运行机制的支撑下，受到市场自利性动机的诱发，从而导致公益价值追求的退化甚或消失。我们不可否认社会组织中“纯公益人”的存在，但也不可否认“私益人”或“私益动机”的存在这一事实。

（3）公益广告传播效率如何保证

社会本身是一个多主体化结构，公益组织所主导的公益广告传播活动也毋庸置疑是集体行动，否则就不能达成民主与公平。而在市场经济“理性自利者假设”的前提下，根据奥尔森的社会科学第二定律，有些时候，不管一个人多么聪明地追求自身利益，都不会同时出现对整个社会来说的最合理结果。也就是说，在集体行动中，由一个以上的人群合作努力，提供他们的公共物品时，往往不容易达成最合理的结果，集体行动的效率必然大大降低，只有通过指导性的“手”或适宜的制度才能实现集体效率。而在我国社会组织内部管理整体水平较低的情况下，仍然缺少这只指导性的“手”和适宜的内部管理制度。因而，公益组织所主导的公益广告传播效率该如何保证，成了该模式中存在的隐患之一。

（4）价值多元化与价值冲突

社会主导型公益广告传播带来价值多元化的同时也带来了问题，首先要解决的问题是：除了政府、市场与社会公益组织在根本价值上的分歧以外，对社会而言，有没有完全统一的公共价值？在社会中被大多数认可的是否就是公共

① 张天莉．传媒治理的结构与过程——以西方电视媒体为例的研究［D］．上海：复旦大学，2006：160．

价值？张艺谋的“知识改变命运”和陈凯歌的“教育不仅仅是为了知识，爱才是果实”两个公益广告引起热议的例子，就是一个价值冲突的典型案例。事实上不同时期、不同民族甚至不同地理区域、文化区域的公众，所追求的公共价值，所认为的公共利益，都存在巨大的差别，社会要保护这种差异化的存在，保护价值多元的可能性，但却不可避免地要面临不同地理区域、文化区域的价值冲突。价值冲突本身并不可怕，然而如果价值冲突演变为对公共传播权力的争夺，则违背了社会主导型公益广告传播的本意。因此，基于公益基础上的平等、民主、互动、沟通基础上的价值沟通与协调显得尤为重要，尤其是在公益广告等价值传播领域。

当然，上述隐忧的存在，都基于一个前提，即市场经济中的“理性自利者”假设，因此，解决所有这些隐忧都依赖于“纯公益人”和纯公益动机的存在，其策略之一就是赋予人们以提供公共物品的道德责任感，让他们感到这是自身的责任，他们明知自己所追求的公共物品将为所有人共享，但仍然愿意为之付出，承担必要的时间与货币成本。自然之友、红枫妇女心理咨询服务中心等非营利组织无数的公益事实也证明，纯公益人和纯公益动机确实是存在的，但社会的构成无比复杂和丰富，一个全部由“纯公益人”构成的社会本身就是一种理想状态。

结语

公益广告——社会救助公益传播模式的一种参照

在纷繁复杂的传播领域中，曾经作为广告的一个分支的公益广告并不是一个特别引人瞩目的话题。如果没有近几年的诸多突发公共事件，公益广告也许仍将淹没在大众传播、分众传播与“微内容时代”的汪洋大海里，不来不去，不冷不热。个体和社会组织也一直存在并成长着，但从来没有像今天这样成为讨论的中心，以“5・12”大地震为代表的系列公共事件同时引发了这两个话题，个体和社会组织开展公益广告传播的诸多事实将我们推向理论的思考与探究。本书将这两个话题结合在一起，把公益广告从“广告分支”向“公益传播”和“社会价值型公益”提供的角度转向，探讨公益广告的社会运行模式，期待以公益广告为代表的公益传播在互联网传播时代迎来一个全新的运行模式。这个社会主导型运行模式的实质是公益广告乃至公益传播产生的价值转型，是从行政本位走向社会本位，从传播工具和手段走向价值传播，是在政治话语空间和市场话语空间以外的对社会公益性价值的不懈追求。

这个模式的呈现是一个充满艰难的论证过程。公益广告是大众传播，传播主体即意味着传播权力，我们如何在现有环境下讨论传播主体的合理性转换？面对资本化市场的压力，个体和社会组织的成长也许还远远不够。在政府、市场、社会的三分结构中，在社会组织发育还不充分的中国，公益广告是否真能迎来这种转变呢？我们无法预知将来的事实，但是并不妨碍理论的探索和前瞻。

在现有的实践中，个体和公益组织参与公益广告传播是一个实然的存在，但并没有形成主导地位，想要在公益传播中发挥主导作用，产生影响力，社会组织还要承受资本的压迫与挤兑。因此，本书主要是从社会公益供给的角度，从社会公益价值追求的角度，通过层次分析法进行公益广告运行模式的优化与选择，论证社会主体提供社会价值型公益的可行与必然性。而对社会主导型公益广告运行模式的建构，则是在模式论证基础上的思考与建构，描述的是公益传播的应然状态。这种模式能否最终实现，还需要时间来证明。

社会主导型公益广告传播在某种程度上可能意味着对市场某些传播权力的分担和剥离，使得社会力量对市场形成某些利益监督和制衡，然而形成利益制衡的目的是实现公共利益的最大化，对于理想的社会来说，进行社会公共事务的分担、提供社会公共物品，其目的是保证社会公共利益的最大化。这也正是目前我国改革的方向之一，是许多现代国家实行新公共管理改革的重要目标指向。

从新传播时代的发展趋势来看，新时代的公益传播已经开始大量依赖网络社交媒体等新的技术手段，微博公益广告、微信公益广告、论坛公益、QQ公益、网游公益广告等都已经大量出现，新媒体的公益传播已经给我们带来了诸多意想不到的惊喜。社会主体要想获得一些新的传播空间，也并不是没有可能。但事实上一个理想社会所真正需要实现的，是通过传播程序的民主与透明，从而充分实现广大民众的传播“权利”，通过公益价值的传递与认同，在环境保护、人权保护、持续发展、公共道德、反腐败、文化价值保护等社会公益领域，形成民主平等、和谐共存的公共发展空间，实现社会公益价值的最大化。这才是公益传播真正要实现的价值。

时间的洪流已进入21世纪20年代，公益传播成为一个愈来愈重要的传播场域。在改革开放的前四十年中，公益广告是公益传播的主要内容和阵地，它的传播模式的探索给予今天的公益传播以极大的启示。公益传播不仅在过去为社会提供价值型公益产品，生产社会观念，培育社会意识，今天还成为社会个体、普通民众向社会发声、获取社会救助和关注的重要通道。

社会救助是一个关系基本人权和社会安全底线的救助系统，经过四十多年的发展，已经形成了某些社会共识，但与社会救助有关的公益传播，却没有得到认真关注和设计。以往依赖于广播、电视、报纸等官方媒体的新闻报道，今天却进入了网民通过社交媒体自主发声和自发传播、资本乘虚而入的混乱时代，以水滴筹、轻松筹、爱心筹三大筹资平台为代表的商业资本进入社会救助系统，搭建了集个体信息发布、平台信息审核、网络社交媒体信息传播、网民直接完成资助为一体的网络平台。这些网络平台，既是受难个体的“救命稻草”，又是资本的吸血机器。作为公益信息的传播平台，直接面向网民和朋友圈进行筹资并对所筹资金进行管理和分配，充当着“既是运动员又是裁判员”的角色，很难不面对公众的质疑。尤其当平台背后有资本大鳄的资金支持时，平台的公益性就无法说服民众。

资本的嗅觉最为灵敏，总可以在最短的时间内以最快的速度闻风而动。社会救助体系关系到社会最基本的人际信任和底线，以本书论证的公益广告运行模式为价值参考，社会救助体系的公益传播更应该以公共利益、弱者利益的保护作为基本前提。因此，在资本已乘虚而入却无法有效监督的时期，一个联合政府公信力、媒体公信力、社会公信力的社会公益组织或联盟的出现，来承担社会救助体系中公益信息的权威发布和筹资任务，显得极有必要。

不种庄稼之处，必生杂草。面对社会救助体系中的公益信息审核与发布这一艰巨任务，我们的社会组织、权威媒介机构，有责任和义务共同担当起社会救助公益传播的重任。

参考文献

阿德金斯，2006. 善因营销：推动企业和公益事业共赢［M］. 逸文，译. 北京：中国财政经济出版社.

阿伦斯，2005. 当代广告学［M］. 8 版. 丁俊杰，程坪，钟静，等译. 北京：人民邮电出版社.

巴尔特，鲍德里亚，等，2005. 形象的修辞——广告与当代社会理论［M］. 吴琼，杜予，编. 北京：中国人民大学出版社.

白长虹，邹瑜丁，2007. 公益广告：做企业公民，增品牌价值［J］. 广告大观（综合版）（5）.

彼得斯，2003. 交流的无奈：传播思想史［M］. 何道宽，译. 北京：华夏出版社.

编者，2007. 海外公益广告的三种运行机制［J］. 广告大观（5S）.

编者，2009. 国外公益广告社会化运作三大成功模式介绍［J］. 中国广告（2）.

编者，2009. 困扰中国电视公益广告发展的三大难题［J］. 中国广告（2）.

柴蕴华，2008. 公益广告，电视媒体引领主流价值观的新亮点［J］. 中国广播电视学刊（6）.

常晓晶，2008. 顺应理论在公益广告中的应用［D］. 太原：太原理工大学.

陈奋翔，1999. 春色关不住——我国公益广告十二载巡礼［N］. 广告导报：1－10（1）.

陈福宝，2004. 社区公益广告刍议［J］. 延边大学学报（社会科学版）（2）.

陈刚，2005. 公共传播与公益广告［J］. 广告大观（综合版）（4）.

陈刚，崔彤彦，季尚尚，2007. 变革运行机制——重塑中国公益广告发展构架［J］. 广告大观（理论版）（2）.

陈刚，崔彤彦，季尚尚，2007. 机制之变：中国公益广告发展的问题与对策分析［J］. 广告大观（综合版）（5A）.

陈洪波，2007. 论公益广告在构建和谐社会中的作用［J］. 东南传播（9）.

陈洪波，2008. 扫描中国公益广告发展三十年［J］. 新闻爱好者（10·下）.

陈辉兴，2007. 中国公益广告研究述评：1991—2006［J］. 广告大观（理论版）（6）.

陈辉兴，2008. 中国电视公益广告三十年［J］. 传媒观察（8）.

陈家华，程红，2003. 中国公益广告：宣传社会价值新工具［J］. 新闻与传播研究（4）.

陈培爱，2002. 中外广告史［M］. 2版. 北京：中国物价出版社.
陈旭清，2009. 公益模式创新与挑战：非公募基金会社会参与［M］. 北京：中国社会出版社.
陈绚，2002. 广告道德与法律规范教程［M］. 北京：中国人民大学出版社.
陈瑜敏，2008. 奥运电视公益广告多模态评价意义的构建［J］. 北京科技大学学报（社会科学版）(3).
程爱晶，2000. 企业在公益广告中扮演的角色［J］. 现代传播（中国传媒大学学报）(5).
丁俊杰，董立津，2004. 中国广告业生存及发展模式研究：2003年全国广告学术研讨会论文集萃［C］. 北京：中国工商出版社.
丁俊杰，董立津，2006. 和谐与冲突：广告传播中的社会问题与出路［M］. 北京：中国传媒大学出版社.
丁亚祥，2007. 公益广告的小众媒体利用与设计研究［D］. 南京：南京艺术学院.
董京生，2000. 新加坡、日本公益广告基本情况［J］. 中国工商管理研究 (9).
董天策，等. 2008. 新闻·公关·广告之互动研究——对“传播交叉领域”的学理审视［M］. 广州：暨南大学出版社.
杜延龄，1991. 公益广告之社会功能刍议［J］. 学术界 (1).
段新洒，2008. 中国公益广告二十年历程回顾与未来展望——探析中国公益广告未来发展模式［D］. 南京：南京师范大学.
段元美，抗文生，王学兵，2007. 网络公益广告传播的新理念［J］. 当代传播 (5).
甘惜分，2004. 传播：权力与权利的历史性考察［J］. 新闻爱好者 (12).
高萍，1999. 公益广告初探［M］. 北京：中国商业出版社.
龚莉萍，2009. 论商业广告的公益化现象［J］. 西南民族大学学报（人文社科版）(3).
龚莹莹，2007. 当代公益广告中的情感诉求及社会功能研究［D］. 合肥：合肥工业大学.
贺雪飞，2007. 全球化语境中的跨文化广告传播研究［M］. 北京：中国社会科学出版社.
贺娅琳，2006. 中国大陆公益广告研究综述：1994—2004［D］. 厦门：厦门大学.
黄升民，2007. “中国公益广告”问题之辨析［J］. 广告大观（综合版）(5A).
黄升民，杜国清，1997. 公益广告：企业理念的重构与表现［J］. 国际广告 (5).
基恩，2003. 媒体与民主［M］. 郤继红，刘士军，译. 北京：社会科学文献出版社.
科特，2007. 新闻、公共关系与权力［M］. 李兆丰，石琳，译. 上海：复旦大学出版社.
克里斯蒂安，法克勒，罗特佐尔，等，2004. 媒介公正：道德伦理问题真的不证自明吗?［M］. 5版. 蔡文美，等译. 北京：华夏出版社.
李彬，2003. 传播学引论［M］. 增补版. 北京：新华出版社.
李威，许伟杰，2007. 商业广告中的公益性弥补功能探讨［J］. 新闻界 (5).
廖永亮，2003. 舆论调控学引导舆论与舆论引导的艺术［M］. 北京：新华出版社.
刘凡，2007. 基于公众利益的中国广告监管［M］. 北京：中国工商出版社.
刘林清，2003. 广告监管与自律——广告人行为规范［M］. 长沙：中南大学出版社.

刘元，2004. 论企业公益广告 [D]. 南京：河海大学.

刘志明，倪宁，1991. 广告传播学 [M]. 北京：中国人民大学出版社.

陆扬，王毅，2000. 大众文化与传媒 [M]. 上海：上海三联书店.

罗兰秋，2004. 公益广告的文化传播 [J]. 西南民族大学学报（哲学社会科学版）(9).

罗兰秋，2008. 中国公益广告第 3 个 10 年的传播辉煌——以“迎奥运、讲文明、树新风”主题广告为例 [J]. 新闻界 (5).

吕鹏，2006. 消费社会背景下中国电视公益广告的生存和发展 [D]. 成都：四川大学.

吕鹏，2007. 消费社会背景下的中国电视公益广告 [J]. 中国电视 (7).

麦奎尔，2006. 麦奎尔大众传播理论 [M]. 4 版. 崔保国，李琨，译. 北京：清华大学出版社.

毛丹，2006. 企业形象与公益广告互动研究 [D]. 南京：南京师范大学.

门桂莲，张大放，2000. 赋公益广告以不懈的历史重任 [J]. 现代传播（北京广播学院学报）(1).

南平，2009. 超越“广而告之”：基于社会责任战略的公益传播 [M]. 北京：中国工商出版社.

倪莉，毛小丽，2008. 浅议汶川地震后的企业公益广告 [J]. 滁州学院学报 (6).

倪宁，等，2003. 广告新天地：中日公益广告比较 [M]. 北京：中国轻工业出版社.

聂艳梅，2001. 我国公益广告传播的市场化策略研究 [D]. 厦门：厦门大学.

潘泽宏，2001. 公益广告导论 [M]. 北京：中国广播电视出版社.

潘泽宏，2001. 广告的革命：社会文化广告论 [M]. 长沙：湖南大学出版社.

戚小村，2006. 公益伦理略论 [D]. 长沙：湖南师范大学.

钱海红，2007. 媒介公共关系的理念与运作模式研究 [D]. 上海：复旦大学.

乔万娜，2006. 迈向全球的中国公益广告 [C] //“全球化与人的发展”国际学术研讨会论文集. 银川：宁夏人民出版社.

任小琴，2006. 广告文化：对大众文化的牵引力量——兼谈广告的社会责任 [J]. 郑州轻工业学院学报（社会科学版）(2).

赛佛林，坦卡德，2000. 传播理论：起源、方法与应用 [M]. 4 版. 郭镇之，孟颖，赵丽芳，等译. 北京：华夏出版社.

石长顺，石永军，2007. 论新兴媒体时代的公共传播 [J]. 现代传播（中国传媒大学学报）(4).

石长顺，周莉，2008. 新兴媒体公共传播的核心价值 [J]. 华中科技大学学报（社会科学版）(1)

舒德森，2003. 广告，艰难的说服 [M]. 陈安全，译. 北京：华夏出版社.

司晓晖，2008. 我国电视公益广告的市场化运营研究 [D]. 大连：大连理工大学.

宋宁，2002. 公益广告的商业化和商业广告的公益化 [J]. 广告大观（综合版）(6).

苏立，施战军，2008. 日本公益广告诉求主题的历史变迁及其特点 [J]. 新闻与传播研究

(3).
孙江华，2008. 浅析电视公益广告的社会功能优势——以 5·12 抗震救灾公益广告为例 [J]. 现代传播（中国传媒大学学报）(3).
孙小兵，2008. 商业化运作：未来公益广告发展之路 [J]. 中国广告 (8).
汤劲，2006. 我国网络公益广告发展趋势探讨 [J]. 新闻界 (3).
汤劲，2007. 论电视公益广告中的视觉修辞 [J]. 中国广播电视学刊 (8).
汤劲，2007. 论公益广告的议程设置 [J]. 新闻知识 (11).
汤劲，2007. 名人与公益广告 [J]. 新闻爱好者 (7·上).
汤劲，2007. 手机短信：传播公益广告的一种新载体 [J]. 当代传播 (5).
汤劲，2008. 户外公益广告构筑城市高品质 [J]. 传媒观察 (10).
汤劲，2008. 新农村建设背景下的公益广告研究 [J]. 当代传播 (3).
汤劲，2008. 迎奥运公益广告解析 [J]. 中国广播电视学刊 (2).
汤天甜，2008. 突发事件中公益广告的功能初探——以 5·12 地震中的公益广告为例 [J]. 现代视听 (8).
陶传进，2005. 社会公益供给——NPO、公共部门与市场 [M]. 北京：清华大学出版社.
Thao Marie-Claire，2008. 法国公益广告行业的职业化扶持了第三方产业 [J]. 尹征，译. 中国广告 (2).
田明，2003. 电视公益广告：现实使命与未来指向——从上海抗“非典”电视公益广告谈起 [J]. 新闻记者 (9).
童兵，2009. 技术、制度与媒介变迁——中国传媒改革开放 30 年论集 [M]. 上海：复旦大学出版社.
童兵，2003. 政治文明：新闻理论研究的新课题 [J]. 新闻与传播研究 (3).
涂更新，2009. 建立坚实的体制保障基础——公益广告的可持续发展之路 [J]. 中国广告 (2).
王东东，2006. 对我国公益广告发展现状和前景的思考 [J]. 中国报业 (11).
王敏，刘葛霞，2008. 突发性公共事件中企业公益广告传播分析 [J]. 武汉科技学院学报 (12).
王首程，2008. 我国公益广告法规建设现状评析 [J]. 深圳大学学报（人文社会科学版）(6).
王首程，2009. 建立促进公益广告持续发展的长效机制 [J]. 中国广告 (1).
王延雄，2006. 关于“建立中国特色公益广告理论”的思考 [J]. 新闻知识 (9).
王炎龙，李京丽，刘晶，2009. 公益传播四维框架的构建和阐释 [J]. 新闻界 (4).
王燕文，2008. 瑞士公益广告竞争激烈 [J]. 中国广告 (2).
王勇，2008. 日本会员制让公益广告耐力持久 [J]. 中国广告 (2).
王勇，小智，2008. 美国公益广告寻求新媒体环境下的出路 [J]. 中国广告 (2).
王粤，黄浩明，2005. 跨国公司与公益事业 [M]. 北京：社会科学文献出版社.
王云，冯亦弛，2003. 公益广告十五年 [J]. 新闻大学（夏）.
王云，舒扬，2000.《广而告之》在中国公益广告史上的意义 [J]. 新闻大学（秋）.
王智颖，2008. 中国公益广告事业的推进显现出多种可能 [J]. 中国广告 (2).

王卓，2007. 中国公益广告在“公”还是在“利”——论商业化公益广告的合理性及发展出路［J］. 南方论刊（11）.

韦梦琦，2008. 论公益广告的商业化运作［J］. 艺术探索（5）.

吴琼，李凤城，2009. 公益广告社会效应研究——以央视 20 年公益广告为例［J］. 东南传播（1）.

西尔克，2000. 亚洲公益事业及其法规［M］. 中国科学基金研究会，主译. 北京：科学出版社.

许俊基，丁俊杰，衡晓阳，1991. 公益广告初探［J］. 现代传播（中国传媒大学学报）（4）.

喻国明，2009. 传媒变革力——传媒转型的行动路线图［M］. 广州：南方日报出版社.

查灿长，2005. 公益广告的二元性刍议［J］. 新闻界（5）.

张国良，2003. 20 世纪传播学经典文本［M］. 上海：复旦大学出版社.

张国良，2009. 新媒体与社会变革［M］. 上海：上海人民出版社.

张金海，2002. 20 世纪广告传播理论研究［M］. 武汉：武汉大学出版社.

张敏，2007. 为公益广告提供法制平台——关于公益广告发展繁荣的想法和建议［J］. 广告大观（综合版）（5）.

张敏，2008. 公益广告的困境与出路［C］//2008 年度上海市社会科学界第六届学术年会文集（政治·法律·社会科学卷）. 上海：上海社会科学界联合会.

张敏，2009. 公益广告繁荣机制论——广告业发展与和谐社会建设研究［J］. 广告大观（理论版）（1）.

张敏，2009. 作为公共沟通的公益广告［J］. 中国广告（3）.

张明新，2004. 公益广告的奥秘［M］. 广州：广东经济出版社.

张明新，余明阳，2004. 我国公益广告探究［J］. 当代传播（1）.

张晓雪，梁艳，2007. 崇高与世俗之间——以雕牌广告为例谈公益性商业广告［J］. 青年记者（10·下）.

赵晨妤，1997. 建立公益广告的良性循环机制［J］. 广告大观（综合版）（1）.

郑伶俐，2004. 论企业公益广告对企业形象的塑造［D］. 武汉：华中科技大学.

郑文华，2003. 公益广告的运行机制［J］. 当代传播（1）.

郑文华，2004. 好雨知时节当春乃发生——论电视公益广告在我国的发展历程［J］. 声屏世界（1）.

周虹茹，2002. 公益广告在健康教育中的运作模式研究［C］//新世纪预防医学面临的挑战——中华预防医学会首届学术年会论文摘要集. 济南：中华预防医学会学术年会.

朱健强，2009. 改革开放 30 年电视公益广告主题回眸［J］. 中国广播电视学刊（1）.

朱天，2007. 论当前我国公益广告的理念更新［J］. 新闻界（5）.

朱颖，2011. 新闻舆论监督与公共权力运行［M］. 上海：复旦大学出版社.

庄新红，2007. 公益广告机制缺失下的我国公益广告发展现状探析［D］. 兰州：兰州大学.

左明霞，2008. 我国公益广告运作模式初探——兼谈国外公益广告运作模式［J］. 黄冈师范学院学报（12）.

GLASSER T L，1999. The Idea of Public Journalism [M]. New York：Guilford.

RICE R E，ATKIN C K，2001. Public Communication Campaigns [M]. 3rd ed. London：Sage Publications.

STAPPERS J G，1983. Mass Communication as Public Communication [J]. Journal of Communication，33（3）.